禪心 大願
慈悲 力

靈鷲山2010弘法紀要

和諧

辛卯 心道

精采・因為有您

　　當年佛陀於菩提樹下夜睹明星，發覺每一個人都擁有本具光明的圓滿佛性，當下驚歎地說：「奇哉！奇哉！一切眾生具有如來智慧德相，但以妄想執著，不能證得。」佛陀清楚說明，每一個人都等同如來智慧，可以明白通達宇宙萬物眞理，與諸佛同一解脫，差別只在無明。無明像是包裹在覺性光明外的塵埃，我們需要一種方法消融煩惱，於是佛陀慈悲在人間宣說了八萬四千法門。而靈鷲山一直以來不斷在努力執行的，就是讓每一個人，在不同的因緣下，用最適切的方法，找回相同本自原初的圓滿佛性。

　　今年適逢靈鷲山護法會成立二十周年，回想草創時期，成員歷經千辛萬苦，走遍大街小巷，就是爲了傳播尊敬的心道師父正覺理念，在每一個有緣人心中，歡喜埋下菩提種子。大夥的努力，讓世人都見證了一磚一瓦的開山奇蹟，也由於大家的發心參與，讓這一念萬千的大悲弘願，成就了靈鷲山一步一腳印的弘法大願。

　　靈鷲人都本著師父「工作即是修行、生活即是福田」的教育，廣結十方善緣，爲的就是要達成師父「以愛心成就慈悲，以佛心圓滿智慧，以恆心貫徹願力，以直心普行實踐」的使命。師父提醒，慈悲大願需要的是生生世世去用心護持與耕耘，每個人都是身邊親友學佛的種子，讓學佛的快樂得以傳承，引領新一世代的年輕人，更歡喜自在的接近佛法，學習佛法，如此才能一燈傳萬燈，燈燈相續。

　　我們回溯二〇一〇年，師父的弘法與參訪行程遍及世界各地：四月份美國弘法行；六月份赴南京參與「佛頂骨舍利重光聖典」與北印度第十二場回佛對談；八月份中國佛教協會來臺參訪靈鷲山無生道場；九月份師父受邀參與首屆「中華佛教宗風論壇」與普陀山朝聖等等。師父不辭辛苦的四處奔走，爲的就是以身體力行倡導「愛與和平地球一家」的華

嚴理念，也讓人感受到師父是如何在弘法利生的菩薩道上不斷地邁開步伐，並永無止盡地前進。

此外，本書也記錄了許多教團在2010年的活動，裡面有許多您我共同參與的記憶。例如今年一共辦了三場水陸法會：八月份於臺灣、九月份於香港、十月份於新加坡。而每年例行的法會如「蘭陽講堂：百萬大悲咒」、「梁皇寶懺瑜珈燄口暨浴財神法會」等，以及因應社會各階層的需求，而舉辦的各式禪修活動如「大專青年佛門探索營」、「兒童學佛營」、「與佛作朋友」、「雲水禪」與「企業禪」等相關活動，在本書中也是詳加記述。特別值得一提的是為了推動生命教育，教團於八月份舉辦「用愛啟發智慧‧讓生命更加光彩」贈書記者會，師父親自出席記者會並代表贈書近五萬冊予法務部，以實際行動關懷啟化收容人的心靈，更是一件美談。

這些靈鷲人共同的記憶與驕傲，都在這一本《禪心‧大願‧慈悲力》弘法紀要裡完整呈現。透過這本弘法紀要，我們想要分享的不只是我們做了什麼？更重要的是要思考我們獲得了什麼？大家點點滴滴、無私無我的奉獻和付出，正是不斷地圓滿自我的生活生命，成就自己的菩薩道行，找回原初的圓滿佛性的具體表現。

祈願您能在這本書裡看見靈鷲人一整年的努力與精采。未來，我們將繼續本著靈鷲山的精神與使命，匯集每個人所給予的慈悲力量，繼續堅定在弘法利生的道路上向前行。

期待您在過去、現在、未來的支持與參與！

了意法師 合十

目錄
Contents

回顧2010年，全球經濟逐漸從金融風暴的衝擊中復甦，然而，世人關注的地球暖化、氣候劇烈變遷的趨勢卻是絲毫未減緩，風災、水災、地震等等的天災，仍是不斷。這一切，都需要世人凝聚共識，延續2009年年底聯合國哥本哈根氣候變遷大會的議題關注，將人類為追求文明發展卻對自然所造成的損害減到最低。

2010年的心道師父與靈鷲山，也在不斷地尋求共識，一方面在國際上，尋求各宗教經由對話、創造和平的契機；另一方面在教團內部，硬體的聖山建設、軟體的宗風凝聚也緊鑼密鼓地進行著；此外，今年更是靈鷲山護法會成立的第二十年，透過多場培訓、分享課程，讓護法信眾在重溫一路走來的成長歲月過程中，累積能量，進而展望靈鷲山更好、更長遠的未來。

共識凝聚，宗風推展獲肯定

為開展宗風，從2008年年底確認宗風為「慈悲與禪」後，靈鷲山就積極展開對宗風更深一層的認識。2010年透過宗風培訓、營隊課程，僧俗二眾分別藉由分享、見證以及會談的方式，對「慈悲與禪」的宗風體悟都能有更深一層的理解與體會。在實務上，禪修推廣與弘法度眾是靈鷲山實踐宗風的具體行動；在禪修推廣上，除了每年的僧眾閉關，今年靈鷲山定期舉辦了多場的雲水禪一、禪三與禪七，接引行者放下萬緣、上山體驗身心輕安的快樂；並與青年學生的學佛活動結合，推出「哈佛族雲水禪」，融入安定心靈的雲水禪一，讓青年學生在充滿活力青春的活動中，也能感受到禪修的喜悅。

在弘法上，今年靈鷲山連續在桃園、香港、新加坡啟建了三場的水陸法會，藉由法會的殊勝，讓更多眾生認識「慈悲與禪」的宗風特質；另外靈鷲山2010年擴大舉辦普仁獎學金的頒獎，首次於離島澎湖推廣普仁獎重品格、重德行的評選機制，也成立普仁獎學金全國推動委員會，將普仁獎從原先各地區分別舉辦的層級，提升到全國性的獎學金。走進社

區，推廣佛法、環保的生活，一直是靈鷲山在社區營造的努力方向。今年，靈鷲山透過諸如臺南地區的富貴金佛遶境活動、大臺北地區的「093愛地球運動園遊會」、基隆地區的「心０分貝——大悲心靈饗宴活動」等等活動以及高屏、臺南、臺中等地歲末聯誼園遊會，深入社區，宣導九大生活主張——寧靜、愛心、對話、素食、環保袋、節能、減碳、節水、綠化等環保理念

護法會二十年，感動心分享

2010年是靈鷲山護法會成立二十週年，靈鷲山護法會從1989年成立籌組基金委員會，到隔年正式成立靈鷲山護法會，一路發展至今，曾經走過人力、物力維艱的草創時期，也曾經走過會員流失的艱困時期，這中間我們完成了世界宗教博物館的開館，這座博物館是全世界第一座宣揚宗教共榮、愛與和平的理念型博物館。靈鷲山護法會在這充滿感恩的一年，讓護法信眾藉此機緣回顧分享一路走來的悲欣歲月，雖然有苦有樂，但在菩提道上也互相扶持、一起成長。現在靈鷲山開展「華嚴聖山」，更需靈鷲山護法會的護持與支持，也是靈鷲山護法會一肩挑起的挑戰。相信靈鷲山護法會有更長遠的發展，貢獻出更多對佛法、對人類、對社會有益的事情。

十二屆回佛對談，逐獲重視

今年，靈鷲山在印度拉達克地區舉辦了第十二次的回佛對談，這次的對談是靈鷲山首次在多元宗教的聖地——印度舉辦，獲得極大的迴響與成功。這次的回佛對談是由世界宗教博物館、愛與和平地球家（GFLP）與大菩提基金會（Mahabodhi International Meditation Centre）共同合作舉辦，會議也邀請了全印伊瑪目與清真寺組織（All India Organization of Imams of Mosques, AIOIM）主席烏摩爾伊瑪目（Moulana Umair Ahmed Ilyasi）與會，獲得

烏摩爾伊瑪目主席的認同與讚揚，並在會議中承諾大力支持於印度成立世界宗教博物館分館。心道師父多年來奔走國際間，為促進宗教間理性對話努力，尤其起自2002年一系列的回佛對談，透過基督教、伊斯蘭教、佛教間的對談，溝通彼此的教義、信念，逐漸在國際社會發酵，並獲得重視。

地宮裝臟聖典，金佛園區規模初具

2010年甫開春，靈鷲山即啟建了一場極具神聖、莊嚴的聖山寺金佛殿地宮裝臟聖典，這場裝臟儀式代表了靈鷲山「華嚴聖山」的一大里程。「華嚴聖山」是繼世界宗教博物館之後開展的利眾志業，是心道師父悲憫眾生，總是迷失了最神聖的心靈覺性，希望透過聖山的啟建，指引世人一座佛法的聖山，同時也是和平與心靈的聖山；讓世人來到聖山，皆能發起無上菩提心，種下成佛的種子。現今，華嚴聖山的第一期工程——聖山寺金佛園區雖已初具規模，唯仍須眾人共同護持，祈聖山早日顯現眼前，同度有緣人。

靈鷲山「華嚴聖山」做的就是「緣起成佛，悲心周遍」的工作，心道師父說：「只要有那份的心，想讓每一個人知道佛法，那麼我們就從這裡做起，叫『緣起』；『緣起成佛』就是你要用佛法利益他人，我們就從這裡做起，做了以後就是要『悲心周遍』，不要做一個就算了，要讓一切的愛心能夠遍滿我們的生活圈，遍滿我們的空間，所以叫『周遍』。」2011年，適逢中華民國建國百年，每年年初的僧眾華嚴閉關，靈鷲山以「百年華嚴，千年聖山」為主題，一方面慶祝中華民國建國百年，一方面也期許靈鷲聖山，屹立千年，為世人帶來心靈成長的力量，成為指引世人心靈方向的燈塔。

靈鷲山是一個實踐「修行入世，入世修行」菩薩道理念的叢林道場，以「慈悲與禪」為宗風。靈鷲山「慈悲與禪」的宗風，來自靈鷲山開山和尚心道師父修行、弘法的實修經歷，以及靈鷲山教團開山以來，上弘佛道、下化眾生，實踐心道師父「愛與和平」華嚴理念的佛行志業，無不展現「慈悲與禪」的精神。

因此，在2008年11月底，靈鷲山舉辦的一場全山共識營中，心道師父特為與會人員開示，回顧成長、出家修道、創建無生道場、世界宗教博物館等等歷程，修行、弘法之種種，皆是「慈悲與禪」的具體實踐。而靈鷲山自1983年開山以來，廣行菩薩道，度眾生學佛，即在「慈悲與禪」理念下，展開各種佛行志業，普度眾生、成就佛道。因此，靈鷲山全山法師凝聚共識，咸認「慈悲與禪」為靈鷲山的宗風、家風，是靈鷲山接引眾生、修行佛道的思想核心與實踐準則。

慈悲與禪

心道師父說：「守護就是禪，而守護菩提心就是慈悲，也就是『覺』的意思。」心道師父叮嚀我們在現實的生活中，要用禪來守護自己的心，安定自己內心的騷動，不隨周遭環境的變化而波動，不起貪、瞋、癡妄想，透過內心的觀照，時時反省自己；師父也希望我們要以慈悲來開放自己的心，利益一切有情，「生命服務生命、生命奉獻生命」，就像觀音菩薩的慈悲，「千處祈求千處應」，在一切時空中，讓大悲遍住一切。

「慈悲與禪」在實踐的意義上，就是度眾與修行的工作，有時會覺得這兩者是互相矛盾的，其實只要體悟「修行入世、入世修行」，生活中處處就是修行、就是入世、就是結善緣的道理，就可發現修行跟度眾兩者並不矛盾，兩者是互為體用。心道師父提醒我們，在生活中要用「禪」轉換自己的心念，然後帶出「慈悲」心，來利益一切眾生；也就是說在生活中，我們要用慈悲與禪作為準則，在工作、休閒、吃飯、睡覺一切之中，都是宗風

的修養、顯現。

　　為體現「慈悲與禪」的宗風特色，靈鷲山以「工作即修行，生活即福田」的生活化方式，接引眾生親近佛法；舉辦深具生命教育意義的各類法會，如水陸法會、觀音薈供法會、梁皇法會等法會，讓信眾與有緣眾生之間生命大和解，感受「同體大悲」的「生命共同體」真義；更舉辦各類禪修活動，推廣禪修，包括僧眾精進閉關、雲水禪修讓民眾在山海林野中，找回自己，體驗與自己真心獨處的快樂。

宗風行動

　　自2008年11月底的全山共識營中，凝聚出靈鷲山宗風為「慈悲與禪」的共識後，經過2009、2010年兩年的時間，靈鷲山全山上下共同研討宗風行動內涵，開辦全山僧眾宗風共識會議與弘法師資培訓課程，作為往後宗風推動的種子師資。2010年，更全面啟動宗風實踐行動，結合教育培訓、弘法等各層面的活動，凝聚並喚起僧俗二眾回歸「慈悲與禪」修行、度眾的本懷。

　　在教育傳承上，除延續2009年師資培訓課程，靈鷲山分別舉辦多場僧眾與護法信眾的宗風實踐見證與分享課程，包括僧眾定期的宗風分享、10場的委員（含儲委）精進營等，不論是僧眾的見證，或是護法委員的分享，分享的是個人弘法的心得，或是見證心道師父的慈悲與自在，都勾起參與者的回憶。顯現宗風的實踐，不只是在宗博籌建、華嚴聖境的展現上，也在每日持續不輟的九分禪，一〇八遍〈大悲咒〉、或是朝山上，更在日常生活的小細節上、與人接觸的每一個善緣上，時時守護我們的心，讓我們的慈悲遍滿在一切處。這樣的見證分享，讓與會者興起見賢思齊的大願跟使命，並觸動宗風實踐的動力。另外，今年也舉辦三場的宗風共識營，藉由僧俗二眾齊聚一堂的機會，共同思索在弘法、工作中如何真正落實宗風實踐，凝聚僧眾、護法信眾、職工同仁在弘法行動上，不偏離宗風

的指導原則。

在弘法方面，在全國各地，透過靈鷲山護法會全年度舉辦的法會、朝山、禪修、園遊會等各項弘法活動中，注入宗風元素，如九分禪、一分鐘禪、〈大悲咒〉共修、九大生活環保主張等，全面讓社會認識與了解靈鷲山的宗風，進而親近靈鷲山，傳承佛法，利益眾生。底下分別就禪修、弘法等活動，說明靈鷲山在2010年實踐「慈悲與禪」的實際成果。

禪修活動

僧眾四季閉關

「禪」為靈鷲山的宗門法源，也是行者開發智慧的必要條件。自1987年，靈鷲山僧眾弟子日益增多，心道師父便開始不定期地舉辦內眾禪修閉關，並著手規劃弟子的禪修教育；僧眾弟子每週一封山靜修，每季精進閉關一次。1991年2月，靈鷲山無生道場舉辦首次的「僧眾精進閉關」，以心道師父寂靜修觀音法門引導弟子放下日常忙碌的弘化俗務，息心澄慮、聆聽寂靜。自此，靈鷲山確立「僧眾四季精進閉關」的教育規制。

心道師父以「尊重、包容、博愛」的華嚴精神，創建世界宗教博物館；2005年，靈鷲山在心道師父的帶領下，繼世界宗教博物館後，開展華嚴聖山的啟建。2007年1月份的冬季僧眾閉關，靈鷲山更以僧眾共修《大方廣佛華嚴經》方式，讓常住僧眾對重重輝映的華嚴世界及其精神有更深的體會，成為僧眾精進定制。

佛法傳承是每一個佛教團體成立的宗旨，心道師父歷經十餘年苦行，精進禪修，直至明心見性，後創辦靈鷲山教團，二十餘年來，念茲在茲即是佛法的傳承與普及。為讓弟子能究竟佛法的奧秘、禪的旨趣，2006年曾舉辦過一次的僧眾進階精進閉關，由時正閉關一年的心道師父親自指導；爾後從2009年1月的冬季閉關開始，進階精進閉關逐漸形成慣例，閉關僧眾跟隨心道師父於開山聖殿精進，深悟禪理。至此，靈鷲山以精進閉關制度讓僧眾

次第更深入禪理、領悟佛法真義，在僧才養成、傳承佛法之教制，逐漸完備。2010年，靈鷲山分別在1月4日至17日舉辦華嚴閉關，以及同時入關的禪廿一進階精進閉關（1月4日至1月24日），4月11日至18日的禪七與9月26日至10月6日禪十。

雲水禪修

　　早自1987年11月，隨著靈鷲山弟子日益增多，心道師父為讓在家弟子也能體驗禪修法味，暫拋世俗煩擾，尋找心靈的平靜，特別舉辦一場「外眾禪三」。在這次的禪三過後，靈鷲山便每年定期舉辦外眾禪修活動，之後逐漸發展禪一、禪七等禪修活動，成為現在靈鷲山「雲水禪」的源起。靈鷲山雲水禪結合心道師父修行歷程中的斷食經驗，更發展成為「斷食雲水禪」，以有機蔬菜汁取代日常三餐，讓平日攝取過多營養的身體，在禪修過程中，藉由斷食來排除身體累積的毒素，讓身心靈感受輕安，成為靈鷲山禪修活動的特色。

　　2010年，靈鷲山舉辦多場雲水禪修，包括每月一次的「清水斷食禪一」、六場的「斷食雲水禪三」，以及四場的雲水精進禪七。今年，靈鷲山雲水禪一與青年學佛活動結合，推出「哈佛族雲水禪」活動，讓青年朋友在兩天一夜的活動中，不但可以認識到佛門行儀等相關知識，更可在第二天的禪修中，在山海環境中，體驗禪法帶來的身心安定與平靜。另外，不同於往年，舉辦一至兩場的禪七，今年，靈鷲山舉辦了四場的精進禪七，讓對禪修有興趣的居士，能夠有更多機會領受心道師父的寂靜修禪法。

平安禪課程

　　為接引世人學禪，心道師父簡化寂靜修禪法，發展出九分鐘的平安禪，讓世人在每天的日常生活中，隨時可以寧息靜氣、攝心觀照。因此，從2002年開始在全球各區講堂，推廣每天三次讓心歸零，每次九分鐘的「093平安禪」，心道師父並以視訊與巡迴各區講堂的方式，傳授平安禪法，且為大眾解答禪修疑惑。今年，靈鷲山各區講堂仍如往年般，舉辦

「平安禪」教授課程，禮請靈鷲山法師，講堂教授禪法。

寧靜運動（一分鐘禪）

　　2003年4月，靈鷲山在宜蘭羅東運動公園舉辦首屆「萬人禪修」，集合全球對禪修有興趣的朋友，齊聚一堂，不僅領受心靈的平靜，也見證各宗教領袖同心和諧、祈願和平到來。2008年，靈鷲山擴大每年推廣禪修的「萬人禪修」活動，結合對氣候劇烈變遷、全球暖化等環保議題的關懷與行動，以及厭惡人心騷動不安、對寧靜的渴望，推動全民「減音、減碳、減食」與九大生活主張——寧靜、愛心、對話、素食、環保袋、節能、減碳、節水、綠化等療癒地球的環保理念，於世界環保日（4月22日）當週週六在臺北市大安森林公園舉辦「寧靜運動」，吸引數千愛好禪修、關心環保人士參與。隔年（2009年），心道師父因應現代緊張忙碌的生活，以「一分鐘禪」，透過「深呼吸、雙手合掌、放鬆、寧靜下來、心回到原點」等簡單步驟，讓心靈不時地處於緊張、焦躁、不安的現代人，隨時觀照自己的內心、找回自己的真心。

　　2010年，靈鷲山為讓「寧靜運動」的環保理念，以及「一分鐘禪」的心靈禪法，能夠普及到社會各角落、深入各階層，化整為零，委由靈鷲山全球各區護法會舉辦各種活動，以為推廣。如，5月30日，靈鷲山北縣B區護法會假新莊體育場田徑運動場舉辦「093愛地球運動園遊會」，透過趣味的運動競賽，將「寧靜運動」的心靈環保、生態環保等理念，普及社會大眾；又如，8月22日，基隆區護法會配合基隆市「2010庚寅雞籠中元祭」，舉辦「心0分貝——靈鷲山大悲心靈饗宴活動」，在心道師父帶領下，以〈大悲咒〉及禪修來度化眾生；再如，12月19日，高屏講堂與臺南分院分別舉辦「慈悲與禪園遊會暨普仁獎學金頒獎」與「普仁獎暨愛在鳳凰城園遊會」等等。藉由舉辦活動，將「慈悲與禪」的宗風元素，注入活動中，讓參與活動的民眾，能在活動中接觸與認識靈鷲山的宗風。

弘法活動

百萬〈大悲咒〉共修

　　心道師父早年於墓地苦修時，許許多多悲苦的幽冥眾生，有著無從傾訴的苦難，這些等待超度的眾生的傾訴，觸發心道師父的悲願，發願成就後將度化他們，並在日常中誦持〈大悲咒〉與《金剛經》，回向給他們。而當時，心道師父也以〈大悲咒〉與《金剛經》為教導弟子學佛，平日應持之功課，用以長養佛行路上的悲心與智慧。現今，〈大悲咒〉與《金剛經》仍是靈鷲山弟子必修的法門之一。

　　靈鷲山為了推行「慈悲與禪」宗風運動，策勵弟子精進禪修、朝山以及〈大悲咒〉修持，連續第二年於6月底的開山週年慶，表揚「生活禪者」——每日至少三次九分鐘平安禪、「朝山力士」——朝山108次、以及「大悲行者」——持誦〈大悲咒〉十萬次圓滿等宗風典範行者。而其中〈大悲咒〉修持，更能與早年心道師父修行歷程呼應；因此，靈鷲山蘭陽區護法會一〇八位弟子，自2008年起，仰效心道師父悲心大願，以師志為己志，策勵精進，組成「百萬大悲咒」願力團隊，發願在八年四個月內修持一百萬遍〈大悲咒〉，回向佛法永傳世間。今年，蘭陽講堂、基隆講堂、高屏講堂等講堂，除每月定期舉辦百萬〈大悲咒〉共修，廣推〈大悲咒〉修持，分區弟子亦奮力精進，在平時生活中持咒不間斷。

水陸法會

　　源於心道師父的度眾悲心，靈鷲山水陸空大法會自1994年開始啟建，至今已邁入第十七年，更成為靈鷲人的年度盛會。這樣一場嚴謹、縝密的佛事，集結了「消災、普度、上供、下施」於一會，亦可以供佛、供法、供僧、祭祖、普度、懺悔、消災、祈願，可以說是傳承佛法的大道場。

　　每年水陸法會的圓滿，除了讓罪苦眾生深心懺悔、往生極樂之外，亦令四眾弟子普修

供養、發菩提心，因此，水陸法會可謂為一場生命的大和解與大共修。

今年，在香港楊釗居士以及新加坡方愛林夫婦發心勸請，靈鷲山除仍在桃園巨蛋體育館啓建第十七屆水陸空法會，也分別在香港及新加坡，動員數百位法師、志工，啓建殊勝的水陸法會。今年，靈鷲山圓滿三場水陸法會，功德殊勝，利益冥陽，廣受眾人信賴與支持；靈鷲山水陸法會不僅是佛法的大共修、懺法的大總集，更是生命教育的實踐場、諸佛會聚的莊嚴壇城，而每一位水陸行者更是愛地球行動的實踐者！在水陸法會中，在上師常住三寶與護法眾生的同心護覆下，至誠懺悔、虔心祈願，跨越時間與空間的限制，以懺悔洗滌身心，使得生命得以轉化重生，而此即是人間淨土。

海地救援

近年來，隨著地球暖化、氣候劇烈變遷，國際上天災不斷，每次的天災都是人間的悲劇，投入災區救災，成為所有宗教團體濟世救人的基要工作。靈鷲山不管在風災（1996年賀伯颱風、2009年莫拉克八八風災……）或是在震災（南投921地震、四川汶川地震……），不管是在國內或是國外（2004年南亞大海嘯、2008年緬甸納吉斯風災……），都可以看到靈鷲山動員全山的志工、物資投入，發揮人飢己飢、人溺己溺的大愛精神，投入救災。而發生在2004年底的南亞大海嘯，重創斯里蘭卡等環印度洋島國，靈鷲山隨即啓動賑災機制，動員志工，募集物資、基金，投入救災；並聯合國內宗教團體，包括一貫道總會、臺灣基督教長老教會總會、天主教明愛會、中華天帝教總會、巴哈伊教臺灣總會、中國回教協會、中華道教總會和中國佛教會等九個團體，以集合國內宗教團體的力量，共同協助斯里蘭卡救災，成為國內「跨界救助模式」的典範。2008年5月，緬甸伊洛瓦底江三角洲地區受納吉斯熱帶氣旋侵襲，造成嚴重災害與傷亡，靈鷲山聯合中華搜救總會投入災區救援，之後並與中華紅十字總會合作重建災區，再次以「跨界救助模式」投入國際救援行動，獲得聯合國、外交部等單位的重視與肯定。

今年1月12日，位於加勒比海的臺灣邦交國——海地，發生芮氏7.0級的強烈地震，造成首都太子港等地區一夕之間面目全非。適逢靈鷲山華嚴閉關期間，心道師父聞訊立即捐出十萬美金，並啟動靈鷲山救災機制，號召全球靈鷲山信眾捐出一日斷食所得，幫助災民。靈鷲山國際NGO組織「愛與地球和平家（GFLP）」多次投入國際救災，屢獲外交部肯定，此次外交部借重靈鷲山「跨界救助模式」經驗，迅速組織救災團隊與物資，前往災區投入救援；心道師父也責成GFLP就近派員了解災情以及賑災需求。1月18日，靈鷲山籌募救援民生物資，隨同外交部第一班航空貨用賑災專機，運往海地。

佛教講「同體大悲」，每個眾生都曾是我們的父母、親友，經過累世的業力輪迴，如今或許「相見不相識」，然而大家都是「生命共同體」。近年來，隨著地球逐漸暖化、氣候劇烈變遷，颶風、水災、地震等各種天災不斷，身在這樣的時代，心道師父總是勸勉世人：「在全球化的今天，他們（災民）的問題就是我們的問題、他們（災民）的災難也就是我們的災難，全球都是一家人。」靈鷲山推動「慈悲與禪」的目的就是「愛一切」，就是生生世世永續經營菩提心，直至成佛；當看到他人的痛苦、煩惱，靈鷲人總是關懷他、幫助他離苦。

結論

心道師父傳承觀音菩薩的悲心願力，入世普度眾生，即願眾生離苦得樂，早成佛道；眾生若要離苦得樂、早成佛道，需福慧資糧具足，方可如願。心道師父說：「以禪的觀照智慧來顯現慈悲，以慈悲來顯現禪的光明與解脫」，所以慈悲與禪不是兩件事，而是一體兩面，對內，禪是時時刻刻對自心的觀照，顯於外，則是生活中點點滴滴的慈悲的呈現，因此，心道師父強調弟子於弘法度眾之餘，亦需時時修心，隨時觀照自己的起心動念，同時植福修慧，確實在日常中實踐「修行入世、入世修行」的生活佛法。

「傳承諸佛法，利益一切眾」，是心道師父成立靈鷲山佛教教團的宗旨與使命。如何續佛慧命，使佛法流傳世間，利益眾生，一直是靈鷲山教團弘法志業的宗旨所在，也是靈鷲山啓動「華嚴聖山」建設的目的，就是讓靈鷲山成爲佛法傳承的聖山，同時也是未來人類的心靈聖山。「慈悲與禪」是靈鷲山開山以來，一直在做的事，也是靈鷲山接眾學佛的風格跟特色。今年靈鷲山從修行、弘法、度眾等各方面，推動宗風分享見證與共識課程營隊，凝聚靈鷲山共同的目標與方向，討論出執行方案，付諸實行，並獲得一些實質的成果。未來，靈鷲山的「華嚴聖山」建設，在宗風的引導下，以及靈鷲山眾人的共識與團隊力量的推動下，將持續呈現在眾人眼前，肩負起愛與和平的佛法使命。

緣起

　　1980年代末期，靈鷲山僧俗弟子逐漸增多，心道師父審酌社會需要與全球情勢，深刻地體會到，面對現代物質文明的衝擊以及社會上一片盲目投機取巧之人心，凸顯人類心靈的空虛與疲乏，因此，想要建立一個安定無諍的社會、清淨純樸的人性，有賴於「愛與和平」華嚴世界理念的推廣。因此，心道師父首先成立了「靈鷲山般若文教基金會」，推動包含四大名山、宗教園區、教育文化、世界宗教博物館等在內的五大事業，藉以推廣佛法、安定人心。為了完成這五大事業，1989年9月，靈鷲山成立「籌組基金委員會」，在毫無經驗、刻苦的環境底下，心道師父帶著少數幾位僧眾弟子，從宜蘭全弘證券的第一場說明會開始，展開全臺巡迴的「籌組基金委員會說明會」；每場說明會皆以心道師父佛法開示為重點，儼然是一場小型弘法開示講座；一時獲得社會廣大的迴響，逐漸凝聚一股力量，共同投入靈鷲山志業的開展。

　　經過十餘月時間，至1990年9月，幾場說明會下來累積不少的人氣，面對這股學佛的社會氣氛，需要形成組織加以運作，靈鷲山應緣於基隆、新莊、士林、羅東、蘇澳、桃園等地成立分會，並本「播撒無盡成佛的正覺種子」之初衷，將「籌組基金委員會」轉型為靈鷲山護法會，初具護法組織之規模。各地分會成立之初，大抵皆為信眾發心護持師父弘法願力，以個人社會關係之網絡，邀集眾人同心護持靈鷲山，並提供住家場所作為分會聯絡、共修處所而成立，一切雖因陋就簡，但卻是對佛法、對師父有無比堅定的信心，且勇猛精進。這段護法會艱困成立的草創時期，為往後靈鷲山護法會弘揚佛法、利益眾生志業，奠定永固之基。

百元（緣）的福氣

　　靈鷲山對於資訊混雜、社會失序、環境生態遭受破壞等現代社會問題，提出五大事業做為回應，後來，逐漸凝聚出創建「世界宗教博物館」為志業。心道師父不自限於佛教門派之見，以「尊重每一個宗教、包容每一個族群、博愛每一個生命」，做為世界宗教博物館的建館理念。這一個超越當代社會的先進理想，對當時的心道師父與靈鷲山而言，真是「一個窮和尚的大夢」，負擔極為沈重，建館經費的勸募對靈鷲山是一大挑戰。這時，剛組織的靈鷲山護法會正好也承擔起此一重責，在各種弘法活動中，推廣世界宗教博物館及其「尊重、包容、博愛」理念。因此，心道師父常開示說到：「因為世界宗教博物館的籌建，而有了靈鷲山護法會的組織與成長。」

　　靈鷲山護法會的成長，與世界宗教博物館的籌建有著密不可分的關係。為了博物館的建設，靈鷲山護法會以每月一百元贊助籌建宗博的小額募款方式，募緣也募錢，有委員曾跟師父說：「師父，您建博物館需要錢，我可以捐；但是，一個會員一百元這樣募，很辛苦的。」師父常說：「我要的是眾生學佛的因緣，不在錢。」因此，靈鷲山的護法委員，利用各種與人接觸的機會、動員各種社會關係網絡，介紹心道師父的大願、推廣宗博的理念，來招募信眾，成就他人也成就自己，共同培育美好的果實。就這樣一點一滴，涓滴成湖，終於在2001年成就世界宗教博物館的開館。這樣一種社會動員的勸募方式，形成臺灣社會一股向善力量的集結，也讓宗博籌建的十年期間，充滿許許多多感恩、感動的生命故事。

　　為了籌建宗博，靈鷲山最初是巡迴臺灣北中南部啟建「萬燈供佛大悲法會」，也陸續舉辦了「以愛拯救地球」義賣演唱會、「為宗博而跑」的全臺路跑活動，以及延續迄今的水陸空大法會，既開拓也匯聚各地的善緣，加入佛法護持與宗博籌建的志業行列。靈鷲山

也因為這樣的因緣，在全臺各地成立護法分會、建立講堂。而靈鷲山的會員、委員，更是受到心道師父的修行與慈悲願力的感召，投入宗博的籌建工作，十年來無怨無悔，發心護持宗博開館。

百福的生命——奉獻生命、服務生命

　　靈鷲山做的每一件事，從會員招募、至賑災勸募、啟建水陸法會，都是利益眾生的事；而在做這些事同時，護法信眾的心，永遠只有如何幫助眾生、利益眾生。為了讓信眾在接觸靈鷲山的過程中，除了參加法會、禪修、朝山、臨終關懷等活動，獲得福慧功德；也希望信眾在參加活動的過程中，自身有所成長，對於菩薩道的行持更加道心堅固。因此，「生命服務生命、生命奉獻生命」，成為靈鷲山護法會弘法利生的信念，也是靈鷲山舉辦弘法活動的動力。

　　源於心道師父於墳塚苦修，誓度眾生的悲願，1994年靈鷲山首次啟建水陸空大法會，並延續啟建迄今。水陸法會是漢傳佛教中儀式最隆重、功德最殊勝的法會。靈鷲山藉由法會之殊勝，讓參與法會的信眾普修供養、發菩提心，與生命進行大和解；也利用信眾聚集的機會，在法會現場設計各種主題展示，並推廣慈悲、和平、寧靜以及環保等等生命教育的理念。

　　啟建水陸法會是靈鷲山的年度盛事，不僅僅是大共修、大和解的場合，也是靈鷲人服務生命、奉獻生命、覺悟生命，實踐佛法的最佳機會。每年的水陸法會，靈鷲山動員一、二千人次的志工，投入法會的籌備與服務。在法會中，這些志工學習團隊合作、溝通相處的技巧；也在服務的過程中，實踐菩薩道的精神，長養慈悲心，累積自己的福德資糧。每年的水陸法會，不僅僅是拜懺、解冤解業的場合，更是靈鷲山護法會從水陸法會接引信眾接觸佛法、進入學佛的歷程，找到安心的生命方向，利益許許多多眾生的法會。

近來，隨著地球暖化、氣候劇烈變遷，國際上天災不斷，投入災區救災，成爲所有宗教團體的濟世救人的基要工作。靈鷲山護法會做爲護法的在家團體，懷著「生命共同體」的慈悲精神，對於救災工作也相當投入。1999年的九二一震災、2005年的南亞大海嘯、2008年的緬甸風災、四川地震、2009年的莫拉克風災、2010年的海地震災，都可以看到靈鷲人身穿靈鷲山志工背心，或是穿梭忙碌於災區中，遞送賑災物資、協助清理環境、撫慰災民心靈；或是街頭募款、斷食一餐，捐獻愛心。對於護法信眾，在這些救災的工作中，除了學習付出自己一份力量，更深刻地體會到佛法所教授的「無緣大慈、同體大悲」生命共同體的實踐。

隨著委員、會員人數的逐日增多，信眾的關懷與經營更加重要；且對信眾的生命與靈性成長，護法會也擔負起更大的責任。1999年，靈鷲山護法會推動「百福專案」，這不僅僅是組織的革新，也是對護法委員修行能量的提升。心道師父表示：「靈鷲人委員招募二十五位會員是基本工作，而百福是招募一百位會員，就是開拓更多的『緣』，而這個緣就等於是福氣，能累積我們的福德，使我們福慧雙修。」百福專案以十則〈百福心要〉爲修行準則，希望委員依循這十則心要，秉持「一念善心」的精神，發揮護法會「生命服務生命、生命奉獻生命」的理念，在佛行大道上自覺覺他、自利利人。另外，百福專案也設計委員教育培訓課程，感恩全國各區護法會的所有幹部與靈鷲山一路走過來，無數的發心與付出；讓靈鷲山與辛苦的幹部們再度同步成長，迎接新的世紀。

啟建華嚴，回歸心靈聖山

2001年11月9日，籌建十年的世界宗教博物館開館了；隨著博物館歡欣開館，十年籌備的艱辛，一時卸下，靈鷲山護法會也面臨了新的挑戰。爲了迎接新的挑戰，靈鷲山護法會

一方面於2002年開始舉辦四季幹部營，邀請各護法會分區常務委員齊聚，對護法會未來的發展，集思廣益，擬定策略方針；也報告區會現有發展成果，彼此交流、互相勉勵。而護法會也藉此良機，進行教育、培訓課程，讓護法幹部了解靈鷲山在修行、弘法、度眾上的成就與展望。

另方面，靈鷲山感於護法信眾在過去十年籌建世界宗教博物館、啟建水陸法會等弘法度眾事業的辛苦，長期的奔波之後，此時需要的正是心靈的回歸，觀照自己的內心，同時植福修慧，才能成就佛道。因此，自2002年開始，靈鷲山於全臺各地推廣「平安禪」，以每天093──「心靈歸零九分鐘，每天三回，把心找回來」、每週平安禪、每月雲水禪、每年「萬人禪修」的方式，希望用禪的修行力量，為社會帶來安定。同時並發起「斷食之愛」基金，每月斷食一餐，奉獻愛心，幫助弱勢。

2005年，靈鷲山以建設「緣起成佛，悲心週遍」的華嚴聖山，為繼世界宗教博物館後利益眾生的志業。這份志業的呈現，是為促進「愛與和平」理念的落實，為了利益眾生所做的志業，也就是要啟動每一個人的菩提心，讓全世界的人都能夠領受慈悲與喜樂。華嚴聖山與宗博的精神是相互串連、彼此延伸的，都是「愛與和平地球一家」精神的落實，也是心道師父修行願力的具體實現。心道師父說：「華嚴聖山最重要就是人人可成佛，每一個人只要有善心，把善心播種下來，推動每一個人都讓他們對佛法有信心，就是華嚴世界。」

心道師父推動華嚴聖山建設，看到不只是靈鷲山這座聖山，未來將成為人類歷史上的聖山；他也看到靈鷲山護法會眾，這二十餘年來護持靈鷲山，奉獻心力，而靈鷲山回饋他們的，正是指引他們離苦得樂的方向與道路，也就是未來與靈鷲山有緣的眾生，都可以在聖山中學習佛法，直至成就。華嚴聖山不僅只是硬體上的建設，更是建設眾生心靈的聖

山。因此，在2006年，心道師父因「不忍聖教衰、不忍眾生苦」，發願閉關一年。爲了讓「緣起成佛，悲心周遍」的華嚴精神，能夠真正在會員心靈上成長，努力做好度眾修行的菩薩行。心道師父在入關時開示：「這二十多年來，蓋好了貢獻社會的博物館，一路來大家都辛苦；可是，我們的心還沒有蓋好，所以現在師父帶頭，回歸本山，修行攝心。」爲此，靈鷲山僧俗弟子，爲護持心道師父，更發願以精進修行、回歸心靈聖山爲師父護關。

結論：具足福慧資糧、實踐「慈悲與禪」

靈鷲山護法會成立二十年來，一路追隨心道師父的修行願力，護持師父的悲心大願，開道場、建宗博、造聖山，啓建水陸法會、舉辦萬人禪修、投入賑災工作，種種所做的一切，一言以貫之，都是「慈悲與禪」的展現。2008年11月，靈鷲山在全山共識會議中，確認宗風爲「慈悲與禪」。爲讓「慈悲與禪」的宗風特質更爲凸顯，靈鷲山護法會於2010年全年度舉辦多場的委員精進營、儲委精進營的培訓課程。藉由見證分享的方式，護法委員分享見聞中、生活中實踐宗風，感動人心、發人深省、足以爲典範的生命故事，藉以重新點燃委員那份的初發善心。透過課程設計，委員分享彼此在修行過程中的苦與樂、掌握「慈悲與禪」的內涵、凝聚團體的共願力量以及將〈百福十要〉具體落實在生活中。委員培訓課程不僅讓委員們心靈獲得成長，更讓委員們相互感化，看到彼此的付出與用心。

今年是靈鷲山護法會成立二十週年，靈鷲山爲感謝護法信眾的參與與投入，用感恩、感謝的心，在全年度的護法活動中，回顧、分享一路走來，啓發、感動人心的故事。護法信眾們無私、無悔地積極投入與參與，展現出來的，除了自己對師父、對靈鷲山堅固的信心與對佛菩薩的承諾，更是對眾生慈悲願力的無盡開展。期待未來還有無限個二十年，讓這份菩薩願力，仍然繼續發光發熱。

人類歷史發展至今，科學日益昌盛，物質文明卻更增人心欲求，不斷追求消費，搶奪資源，肇致人與人、人與自然之間的衝突與爭鬥，越顯劇烈與嚴重。心道師父出於對眾生的慈悲，呼籲世人要用「愛與和平」的力量來化解衝突；並聯合各宗教，共同推動宗教的大愛，來成就和平淨土。

　　「尊重、包容、博愛」是世界宗教博物館的創館理念，也是「愛與和平」精神在全球社會的具體實踐。2001年，世界宗教博物館開館後，藉由此一跨宗教間的交流平臺，心道師父在國際間積極推動「愛與和平‧地球一家」的華嚴世界理念，深信透過宗教間和平、理性的溝通與對話，不僅能促進各宗教間彼此的認識、瞭解，彼此共存共融，更是弭平國際間宗教、國族、種族的衝突，尋找和平契機，並希望透過宗教間共同的核心價值——「愛」的力量，在全球暖化、氣候異常變化的導致天災頻仍的環境下，減少物質的消費與追求，寧靜紛亂擾雜的心靈，找回自我，為地球療癒尋求生機。

　　2010年，心道師父仍秉持十數年來「愛與和平」的精神，行腳全球，透過跨宗教交流祈福、回佛對談等行動，串連各大宗教共同化解衝突、締造和平，貢獻心力。今年，心道師父更獲得美國理解寺（Temple of Understanding）選為跨宗教信仰遠見者（Interfaith Visionary），肯定推動跨宗教交流對話的貢獻。

一、宗教交流祈福茶會

　　秉持著「愛是我們共同的真理，和平是我們永恆的渴望」信念，心道師父多年來積極致力於跨宗教交流與搭建對話平臺，除了透過國際和平交流與跨宗教對談，深入瞭解不同宗教的信仰背景及文化，達到宗教交流目的。在2008年新春期間，心道師父首度邀請國內各大宗教領袖、代表，齊聚世界宗教博物館，舉辦跨宗教點燈祈福儀式，藉此凝聚、發揮各宗教的愛心與慈悲，安定人心的紛亂，成為社會的一股寧靜力量。

今年2月23日，心道師父第三度邀請天主教、基督教長老教會、東正教、伊斯蘭教、猶太教、道教、一貫道、天帝教、臺灣生活的藝術基金會，以及各國駐臺大使與臺北縣副縣長蔡家福、總統府資政趙守博、全國商業總會理事長張平沼等人，齊聚世界宗教博物館，共同祈願社會上的紛爭、雜亂逐漸消弭，回歸無染純淨、尊重彼此的本心，也祈願世人以寧靜來療癒地球。茶會中，各宗教代表分別以優美動人的簡短禱詞吟誦，亦或是教義經典中最美的章節，說出對地球、對未來的祝禱。全場氣氛凝聚了與會全體感恩萬物、珍惜所有的虔敬之心，大眾一起宣讀並簽署主禱文。

心道師父在致詞時表示：「感恩大家今天能聚在博物館，這一年當中，為了臺灣全體人民、人類、宇宙，為了讓大家能和諧在一起，讓地球平安，世界和平，我們共同在地球家庭裡面和諧平安，我獻上最摯誠的祈求，共同祈願一切人類平安、富貴、俱足靈性。面對種種不順不要去怨天尤人、放棄希望，反倒是要藉此機會反省，我們人類對地球做了哪些傷害，我們應該尊重、包容，共同創造愛與和平的生命。」

二、拉達克回佛對談

2001年，在世界宗教博物館開館前夕，發生阿富汗巴米揚大佛遭塔利班政權炸毀，甚之，911恐怖攻擊事件，更讓不同宗教間的衝突，達至鼎沸，尤其世人對伊斯蘭的誤解更達至極竟。在西方基督宗教與伊斯蘭教間千百年來的歷史糾葛、衝突中，心道師父希望佛教以一柔性力量，促成雙方的理性對話，經由瞭解而互諒，更進而讓各宗教互存共融。因此自2002年起，心道師父在全球各地舉辦「回佛系列對談」，期望在跨宗教的對談中，除了增進彼此的認識與瞭解，更期望將理性對談的成果擴散出去，結合各宗教的力量，達到「愛與和平」的華嚴淨土。

「回佛對談」陸續於紐約哥倫比亞大學、馬來西亞吉隆坡、印尼雅加達、法國巴黎、伊朗德黑蘭、西班牙巴塞隆納、北非摩洛哥、中國北京大學、臺灣政治大學、紐約聯合國總部、澳洲墨爾本等地舉辦，迄今分別在全球十大城市舉辦十一場，不但受到國際間各宗教代表、學者專家的肯定，更爲跨宗教互動奠定良好的基礎。「回佛對談」的影響，也因與當地宗教團體的交流，啓發很多當地社區的反省，而深化進入當地社會。

　　今年，世界宗教博物館、愛與和平地球家（GFLP），在與大菩提國際禪修中心（Mahabodhi International Meditation Centre）的桑卡西納尊者（Ven. Sanghasena Mahathera）合作下，6月28日至7月1日，在北印度神秘山城拉達克舉辦「第十二屆回佛對談——暴力衝突解決的宗教資源」，一連三天的論壇，邀請來自全球的宗教代表、學者與印度和拉達克當地的宗教代表與學者共同與會，分別就「回佛關係之古今面向」、「全球和平之回佛願景」以及「我們在當今世界的任務與挑戰」等議題進行討論，希望在宗教、種族衝突中，宗教能夠爲和平帶來契機。

　　包括德國慕尼黑大學Michael von Brück教授、馬來西亞公義世界國際運動協會（International Movement For a Just World）主席Chandra Muzaffar教授、美國南衛理大學柏金斯神學院Ruben L.F. Habito教授等，以及印度拉達克地區的官員與各宗教代表，包括列城拉達克山區自治發展委員會（Ladakh Aotonomous Hill Development Council, Leh）首席執行理事Tsering Dorjey、印度賈目與喀什米爾自治區（Government of Jammu and Kashmir General Administration Department）觀光文化部長Nawang Rigzin Jora、印度卡吉爾地區首席執行參事（Chief-Executive Counsellor, Kargil）Mr. Asgar Ali Karbalaie、拉達克議員Ghulam Hassan Khan、拉達克佛教寺院聯合會主席（The President All Gompa Association）暨佛教僧統圖丹仁波切（Togdan Rinpochey）、拉達克佛教協會主席（Shri Lobzang Rinchen）、全印伊瑪

目與清眞寺組織（All India Organization of Imams of Mosques, AIOIM）主席烏摩爾伊瑪目（Moulana Umair Ahmed Ilyasi）、遜尼派賈瑪清眞寺前伊瑪目（Moulvi Mohammad Omar Nadvi）、什葉派穆斯林代表Shri Ashraf Ali、伊斯蘭科技大學創辦人Siddiq Wahid教授等人與會。

　　印度是宗教色彩非常濃厚的國家，幾乎能在印度找到世界上所有的宗教，可以說是一個「活的宗教博物館」，也因爲宗教跟種族的龐雜，加上政治力量的介入與西方經濟的影響，使得宗教衝突甚囂塵上。2010年的回佛對談，選在印度北方的拉達克區舉辦，其中很重要的原因就是希望能將這樣跨宗教對話的思維與交流模式，帶到印度這個多元宗教的地區，唯有透過不斷的對話與了解，才能開啓人心中那扇和平的大門。心道師父說：「世界因差異而存在，因相同而和諧」，我們應該透過宗教的影響力，讓人們意識到唯有從「心」出發，用愛心來交流與對話，增進彼此的認識與友誼，才能共創存在的價值，和諧共生，這才是化解衝突的根本之道；並深深期待宗教的豐美果實，能夠在印度這塊充滿靈性與智慧的聖地，爲人們帶來愛與和平的希望與力量。

　　心道師父在開幕演講中提及「當今世界衝突的根源在於心。心——是產生一切善惡的根源」，回佛之間其實原本都是和諧共處的，在靈性跟和平的追求上也都是平衡的，只是後來因爲商業的往來、政治角力的介入，才讓彼此之間的關係變得緊張，回歸愛與和平的追求則是古今皆然的。所以當我們用尊重與對話爲基礎開始，就可以在彼此之間產生能量，並將衝突轉換成信任，進而分享彼此文化的精髓。心道法師也表示宗教的大愛精神可以幫助我們消弭對立、化解衝突，並且願意伸出友誼的雙手，看到彼此的價值，並樂於與他人交流、對話、擁抱，才能眞正分享智慧、共謀和平。

　　今年於拉達克舉辦的回佛對談獲得當地宗教團體的讚賞與支持，全印伊瑪目與清眞寺

組織主席烏摩爾伊瑪目，對心道師父以華嚴世界的精神成立世界宗教博物館，更表支持與認同，並於會議中承諾大力支持於印度成立世界宗教博物館分館。心道師父多年來奔走國際間，為促進宗教間理性對話努力，尤其自2002年一系列的回佛對談，透過基督教、伊斯蘭教、佛教間的對談，溝通彼此的教義、信念，逐漸在國際社會發酵，並獲得重視。

三、心道師父獲Temple of Understanding為2010年度跨信仰遠見者（Inetrfaith Visionary）

成立於1960年的美國理解寺（Temple of Understanding），由茱利亞·霍利斯特女士（Juliet Hollister）創立，認為除非宗教傳統裡的珍貴智慧及洞察力能獲得理解及培育，以促使社會積極變革，世界將面臨嚴重的危險；理解寺自創立以來致力於教育青少年以及不同信仰族群間的尊重、包容與理解，因此獲得聯合國肯定，成為具有諮詢地位的非政府組織。今年，理解寺為慶祝創立五十週年，從國際上優秀的跨宗教組織領袖以及全球各專業領域的傑出人士中，選出包括心道師父在內的跨信仰遠見者（Inetrfaith Visionary）共65人，並邀請他們出席10月19日舉辦的一場深具時代意義的「跨信仰遠見者：永續發展號召行動會議（The Call to Action Conference of Interfaith Visionaries）」，探討在面對全球氣候遽變的趨勢下，如何促進人類永續發展。

心道師父因創建世界宗教博物館及國際非政府組織「愛與和平地球家」（Global Family for Love and Peace），長期於世界各地持續推動回佛對談（Buddhist–Muslim Dialogue），並與其他宗教間的交流而獲選為跨信仰遠見者並受邀出席該會議。心道師父在給理解寺的預錄講詞中：「我們知道，生命是在關係的流轉中存在，關係和諧時，生命便會往和平的道路上邁進；關係衝突時，生命便落入痛苦、毀滅的輪迴，因此，和諧一切關係是一輩子的

功課。關係不僅存在於人、更包含一切有情，也就是今天研討會的主題——生態，透過對話我們能理解他人的意念與思想，進而形成共識，創造和諧的生存環境；相同地，在這麼多地震、風災、海嘯、氣候變化的訊號背後，我們更該靜下心來聆聽自然的聲音，體認人是自然存在的一環，而不是萬物的主宰，從聆聽進入對話，獲取彼此和諧共生的智慧。」

四、結論

　　《大方廣佛華嚴經》裡面展現的是佛的世界，每一個世界都是佛的願力所示現的。這是一個願力的世界，最後必然都能夠回歸真理。心道師父慈悲度眾的本心，創建全球唯一的世界宗教博物館，就是為了展現華嚴世界、促進各宗教的共存、共榮而發起的。心道師父奔走國際社會，希望用「愛與和平·地球一家」的精神，喚起世人重視地球暖化、環境劇烈變遷的生存問題，以及人類文明間的衝突，了解「全體人類是一個生命共同體」，尋找「愛與慈悲」是各宗教彼此的共同點，透過真心誠意地聆聽與對話，才能找到人類通向幸福安樂的和平之路。

禪心・大願・慈悲力

華嚴的呈現，就是無障無礙，
處處都是種子，處處都是結果。

壹月

January

壹月

01/03
～
01/24
、
04/11
～
04/18
、
09/26
～
10/06

僧伽
精進閉關

心道師父開示：「禪修就是做降伏自己的事，降伏自己，就沒有敵人。」

靈鷲山四季閉關是心道師父開山以來的山門宗風。在閉關中，一方面令僧眾法師整治身心，也休養身心，另一方面則在攝心養息中，找回在日常工作中迷於事相的妙明真心、憶持出家修道的初發心。

本年度冬季僧眾華嚴閉關，自1月3日啟關，於17日圓滿，全體僧眾在《大方廣佛華嚴經》深廣浩瀚的願海中，感受無比的殊勝法喜。此次華嚴冬季閉關，心道師父特別開放海內外護法幹部一同入關共修，讓在家居士也有機會與《大方廣佛華嚴經》結上一份難得殊勝的緣份。而在開山

←閉關期間，心道師父於十一面觀音像前對弟子傳法。

38

聖殿禪堂，另一場二十一天的僧眾進階關期亦同時開啓，華嚴精神涵攝無礙的動與靜、慈悲菩提心與禪修的定靜慮，在心道師父的督課中，直指照見。

9月26日到10月6日的秋季禪十閉關中，心道師父嚴整敦促弟子每日都要自己「三省吾身」，並寫「僧伽日誌」，希望藉此了解弟子們打坐的情形，同時也透過互動溝通，導正方向、解決疑惑。

「締造華嚴世界，共創愛與和平地球家」是靈鷲山所有四眾弟子共同之願景。從成就世界宗教博物館到華嚴聖山的體現，恆久持明展現華嚴精神。爲令此華嚴聖境能早日呈顯，心道師父期勉弟子：「禪是集訓我們成佛的方法，直探我們的本來，無造無作，直下認取、無畏承擔，只有在禪修上確實用功，身心才會轉化，對佛法才能有深入細膩的體會。」透過閉關沈澱，讓全體僧眾儲備好能量，繼續爲聖山傳承而努力，讓一切有情無情共同發菩提心，同證佛果、智成正覺。

↑秋季閉關：心道師父批閱弟子禪修日誌，激勵弟子們「吾日三省吾身」。

禪：一門直入如來地。

日期	關期	內容	對象
01/03～17	冬季閉關	華嚴閉關	內眾法師、在家居士
01/03～24	冬季閉關	二十一日精進禪修閉關	僧委
04/11～18	春季閉關	禪七閉關	內眾法師
09/26～10/06	秋季閉關	禪十閉關	內眾法師

↑ 冬季閉關:「參悟本來面目——二十一天精進閉關」。

← 誦讀聲、禪定意、勝願力,珠玉相映、重重無盡。

↓ 護關菩薩們在工作中修行,以自身的身口意淨律護持閉關。

華嚴海會

→二十一日精進閉關獨參，在清淨的照見中，與上師相應。

↓多年來，心道師父一直堅持靈鷲山的禪修宗風，這個生生世世不可捨離的工作

禁語

禪心·大願·慈悲力

41

金佛殿地宮裝臟聖典
暨《法華經》七永日共修法會

供奉於地宮四面的寶篋印陀羅尼咒塔，此
咒塔為佛三身功德的總集，也是宇宙廣大
之因素、和諧安定的最高表現。

2010年開春新氣象，象徵「聖山建設」的金佛殿地宮裝臟聖典，於福隆聖山寺隆重開啓；全球的靈鷲山榮譽董事及護法功德主，近五百人齊聚一堂，共同見證這一場莊嚴殊勝的聖物裝臟奠基法儀；並為金佛殿地宮聖物進行了殊勝的「浴經封蠟儀式」，象徵「同證如來淨法身」的緣起功德。

經歷1月3日地宮裝臟浴經封蠟典禮與1月28日封宮工程後，心道師父特別囑咐弟子在金佛殿裡七天七夜不間斷地持誦《大乘妙法蓮華經》；從1月28日到2月4日，在這七天之中，不間斷地、不休息地精進用功，以此精進的功德清淨金佛殿。

心道師父以「慈悲與禪」的修行實證，接引現代人學佛，將這一處結合神聖與藝術文化的生命廣場、以身心靈淨化園地，獻給臺灣東北角，「讓它成為一個朝聖的地方，長長遠遠淨化身心的地方」；靈鷲山華嚴聖山宗教文化教育園區的計劃，至此進入金佛園區聖殿開光的倒數。

　　長寬各3.4公尺，深度達1.64公尺的地宮，
中央安奉了紅銅雕刻的婆羅浮圖模型，四周的
牆上則繪製了象徵風、調、雨、順的四大天王
以及由八大菩薩衍生出的八大明王。

↖顯月法師將心道師父囑咐的珍貴舍利寶盒，放入婆羅浮圖鑄型的最上層。

↑心道師父帶領信眾為金佛殿地宮聖物進行了殊勝的「浴經封蠟儀式」，象徵「同證如來淨法身」的緣起功德。（左起張譯心菩薩大德、英業達集團葉國一會長、心道師父、南僑化工陳進財總裁、長川、利榮工程公司黃瀚民董事長）。

無盡藏

裝臟經典與名錄，以鈦合金鍛造，經過特殊的「浴經」封蠟處理，封存的經函能抗輻射和氧化、歷經五百年不壞，封藏的難度之高為臺灣佛教界僅見。

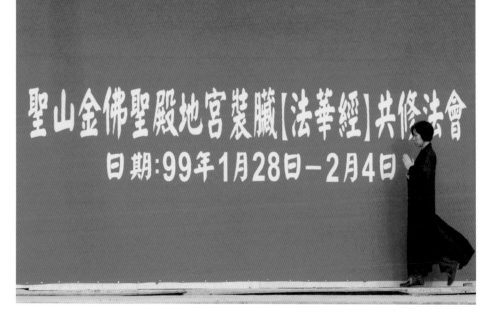

╲ 法師們為即將裝臟的聖物舉行灑淨儀式。

→ 四眾弟子護法檀越2000人，共同見證這一場聖物裝臟奠基的法儀。

← 《大乘妙法蓮華經》清楚的授記後世眾生，只要聽聞、授持、讀誦此經，就種下了一個種子，未來必定可以成佛。

禪心・大願・慈悲力

45

捐款賑濟助海地
慈悲地球顯宗風

2010年初，中美洲國家海地發生兩個世紀以來最嚴重的地震，強度達芮氏7.0級，地小人稠的首都一夕之間面目全非。1月12日心道師父聞訊立即捐出十萬美金，呼籲四眾弟子斷食一餐捐助災區，靈鷲山佛教教團立即與外交部合作，尋求建立「跨界救助模式」，以迅速因應全球環境惡化連鎖性災難問題。靈鷲山全球講堂、分會，展開動員，投入募集救災物資工作，立即獲得來自各界愛心捐助的響應；並在最短時間內給予海地即時的援助。外交部特於3月10日舉辦「臺灣心，海地情──海地賑災感謝茶會」，頒贈感謝狀，以感謝國內各界對海地伸出援手。

7月21日，靈鷲山將勸募的賑災善款新臺幣556萬元捐贈外交部，由靈鷲山都監釋常存法師代表捐贈，外交部部長楊進添親自出席接受捐款並頒發感謝狀。楊部長表示由衷感謝心道師父對海地的人道救援以及這筆善款將用於海地地震兒童保護計畫。

心道師父平日常常提醒大家，「無常」是最好的導師，值此全球氣候多變，時有天災人禍，應當把握修慧植福的機會，並莫忘眾生無助的苦難，以幫助眾生離苦得樂，做為學佛的誓願。

靈鷲山佛教基金會由靈鷲山護法會總會執行理
事鄭呂碧雪代表出席。

靈鷲山佛教基金會海地勸募賑款捐贈外交部記
者會（左起為靈鷲山護法會顧問何語、靈鷲山
都監釋常存法師、外交部部長楊進添、靈鷲山
社會福利慈善基金會秘書長釋洞音法師）。

福隆歲末
敬老關懷聯誼活動

↑來自雙溪鄉三港村的一位阿嬤，在粉紅色的蓬幕映照下，現出她泛著微笑、白中透紅的臉龐。

靈鷲山社會福利慈善基金會長期關懷貢寮鄉與雙溪鄉獨居長者，連續11年，每個月主動關懷獨居老人的生活情形，而每年的12月則擴大舉辦「歲末敬老關懷聯誼活動」，讓長者們歡喜過新年；這項長期持續的在地服務也博得鄉親的認同與肯定。今年的歲末，一年一度關懷老人聯誼活動，於雙溪高中操場席開145桌，邀請了近1400位貢寮、福隆及雙溪一帶的長者，共度愉快的聯誼餐會。法師們也代表靈鷲山獻給長者禦寒背心及新年紅包，讓長者們帶著滿滿的關懷歡喜過新年。

↑ 小菩薩班的小朋友們在臺上活力充沛地為阿公、阿嬤們表演。

← 靈鷲山在福隆地區長期關懷、在地服務，博得鄉親很大的認同及肯定。

無 盡 藏

　　在雙溪、福隆地區，有很多長者都誠心向佛，尤其有的老人家，一年可以念佛九千多萬遍，還有二千多萬、一千多萬遍的更是不在話下，所以把這個地區稱作是佛法村、佛法區，真的是名副其實，更可以說是受到佛光普照的好地方。

第十屆大專
青年佛門探索營

五天四夜的大專青年佛門探索營，八十位熱情活潑的新世代青年，感受前所未有的佛門生活，這批年輕種子對於生命充滿各種想法，他們和心道師父近距離接觸，提出年輕靈魂裡千奇百怪的問題。營隊過程中，學員們在純樸規律的山門生活裡有哭有笑，探索生命的意義；朝山與懺摩讓學員們學習懂得反省，突破自己的極限，重新反思自己的生命，體會了佛法是生命轉換的催化劑，讓生命發揮最亮的光彩。這群年輕昂揚的學子們，在佛法中找到生命的意義，一顆善的種子從現在開始種下，等待發芽茁壯，再繼續成熟自他的珍貴善果。

↑ 學員們光著腳丫，親近土地，也在禪修
　中親近著自己。
→ 專注腳下的每一步：行禪在碧海與藍天
　之間。

↑ 以神聖的佛門儀軌，淨化分別心與執著心。

↗ 「善種子之歌」的合唱鼓舞著營隊的氣氛，也唱出了滾動善種子的祈願。

→ 參與第10屆青年佛門探索營的學員們，開心地與心道師父合影。

↓ 體驗在禪修中安定身心，從想法中回攝到自己。

感恩與祝福——護法會委員至誠向心道師父頂禮。

靈鷲山
護法委員與師圍爐

靈鷲山護法會各區會的護法委員一同回山與心道師父圍爐團圓，此次餐會由靈鷲山基隆A區、北市A區、北縣A區、北縣B區四區護法會所承辦，於華藏海大殿外席開28桌，安排了許多表演節目、猜謎遊戲以及令人期待的摸彩活動，現場宛如三百人的家庭聚會，問候聲此起彼落，場面熱鬧而溫馨。許多委員跟隨師父已經一、二十年，這些護法菩薩就是心靈守護者，無怨無悔的走在菩薩道上，為這個社會國家付出、為傳承佛法而努力。心道師父鼓勵委員們：「彼此要互相幫助、互相依存，我們做的就是接緣苦難的眾生，讓他們離苦得樂成正覺，這也就是護法菩薩的使命。」

最後在全國委員大聲誦讀〈百福十要〉之後，心道師父圓滿開示：「身為靈鷲山的護法委員就是要學

↑ 委員們唸誦修行守則——〈百福十要〉。

↑「委員們就是千手千眼觀音菩薩的化身，做的就是接緣苦難的眾生，讓他們離苦得樂成正覺，這也就是護法菩薩的使命。」。

↓ 委員熱情的舉杯向心道師父致敬「師父，有您真好！」

習觀音菩薩，願眾生得離苦，不求自己安樂的精神。護法會即將邁入二十年，這麼多年來看到大家的成長，心量的拓展，我們更要落實靈鷲人的心靈守則：正面、積極、樂觀、愛心、謙卑、毅力、承擔、負責，開拓新會員，培養新委員，發起願力、付出貢獻，讓聖山成為人間淨土。」心道師父帶領委員做一分鐘禪，收攝大家的心靈，讓心從宴會的熱鬧溫馨回歸平靜，讓每一個委員帶著寧靜喜悅的心，期待下一次的聚首。

禪是「平常、樸實」的生活。
禪在日常生活中是非常樸實，沒有欲望及貪求的，
一切的作用都能溶入空性。

貳月
February

蘭陽講堂
百萬大悲咒

↓ 大眾在法師帶領下唱誦〈大悲咒〉，祈以觀
　世音菩薩偉大救苦救難的悲願加被所有祈願
　者所求圓滿吉祥。

蘭陽是個純樸之地，文風鼎盛，文化氣息極爲濃厚，廟宇、佛堂、精舍極多，佛門龍象輩出；心道師父早年亦曾在宜蘭的莿仔崙墳場內的靈骨塔苦修、在龍潭湖畔如幻山房徹夜打坐，師父在這裡度過了「阿含期」苦修的重要歲月，並孕育著日後「般若期」、「法華期」、「華嚴期」的卓然宗風。雖然各期所接引的弟子根器不同，師父希望所有新、舊弟子都能在佛法大道上共證菩提，一同爲菩薩道打拼。護法善信們長期在地方上的奉獻，諸如關懷老人、回饋鄉里、孤兒院等，都是深入在地的表現。師父對於宜蘭鄉親的感念之心，時時溢於言表，讚許會眾弟子發長遠心、大悲心，讓修行的道路無障無礙、種下生生世世聽聞佛法的善緣。

「蘭陽講堂」自2008年落成啓用後，爲彰顯「以師志爲己志」而成立的「百萬大悲咒願力團隊」，108位大願菩薩，發願在八年四個月內修持一百萬遍

〈大悲咒〉，每人受一百次八關齋戒；今年蘭陽講堂持續百萬遍〈大悲咒〉的誓願，在新年前仍繼續不間斷地進行。此外，由於長期持誦〈大悲咒〉的關係，許多人都聞聲到講堂求大悲水，送給生病、住院的親朋好友使用，希望藉由佛法的護持，讓眾生獲得平安法喜。

未來，蘭陽講堂計劃連結宜蘭縣內一百多個團體，邀請地方人士共聚結緣，落實「以宗教情懷為根本，拓展人文教育、社會關懷」的弘化使命。

無盡藏

宜蘭弟子對於佛法歡欣悅躍，他們秉承師志，以觀音菩薩慈悲喜捨的精神做自利利他的修行，並號召會眾，以八年四個月時間共同完成百萬遍〈大悲咒〉的願力，結果有一百八十人加入這個大悲行列，從八歲小孩到八十歲老人都有，願力十分殊勝感人。

庚寅
虎年新春活動

靈鷲山新春期間最令人喜氣雀躍的時刻就是「迎財神、接富貴」，每年的拜千佛及迎財神法會總是能帶起信眾對未來的滿心期待，過年期間大家來到廟裡祈願，透過祈禱希望一年能夠心想事成。心道師父希望在這個不平安的時代，給大家一份安心的的祝福；靈鷲山聖山的功德也就在此，大家一起從這裡傳播善業、傳播福址，把握難得的人身造福積福。

↑ 財神賀歲──福生善緣。

↑ 師父與財神發糖果、送福氣。

↑ 除夕晚會表演——由靈鷲山青年團學子策劃供養，也代表法的種子傳
　 承在彼此心田中。

↗ 海外的弟子以視訊向心道師父拜年。

→ 心道師父於開春插頭香，象徵新的一年修行弘法的願力緣起。

無盡藏

　　在除夕跨年子時，四眾弟子在心道師父尊座前發
願供養，然後彼此拜年、在殿堂上點燈、發願、插頭
香，象徵新的一年修行弘法的願力緣起，心道師父也
為大眾做新春開示，給每位弟子一個吉祥法語紅包，
預示一年的徵祥。

禪心・大願・慈悲力

59

心道師父開示

新春財神法會開示

很高興過年能聚在一起，大家一起祈禱，一起為未來的一年，做最好的開運點燈、供佛、點香。我們可以從一點點的發願，累積很大的能量，比如說點燈，可以為我們帶來一年的幸運；點一盞燈，讓自己在新的一年有一個好的開始。還有在過年的時候，總是希望多做一點善行，那麼大家可以去認養一磚、一瓦、水泥，不是一定要出很多錢，只要有心護持山上，你就是我們的大功德主。希望大家都能夠有這份心，都有這樣的善舉。

這個世界就是充滿貪、瞋、癡、慢、疑五毒，變成災難這麼多，隨時我們就會變成災民；地震不曉得什麼時候發生，颱風不曉得什麼時候發生。現在下的雨，一下就是一千、兩千公釐。下雨的地方就拼命下，不下雨的就拼命不下雨，這個地球的災難就是這樣子怪怪的。這就是人心有了不好的反應，不孝順父母，沒有倫理、沒有次序，互相不相信；夫妻間彼此沒有信任，父母間也沒有信任，變成今天社會上很大的不信任，大家只有自我，所以災難就變得特別多。

地球的變，就是人心變；要把人心轉好，地球才會好。如何轉呢？守住善業。只要善業具足，就可以轉；善業不夠，就不能轉，就只好受這個果報。所以今天大家來靈鷲山就是皈依三寶、學佛，「眾善奉行、諸惡莫作」。靈鷲山一直在推動一個善心的世界，就是儲蓄善業、推廣善業。可是只有善業，腦袋瓜還是會有很多的對立關係，內心還是有很多的思惟、很多敵對的東西，是沒有辦法消融的。如何把內在不乾淨的東西淨化掉？就是要學佛，斷煩惱、了生死。我們對「生死」就是很在意，每個人都很在意我們的生死問題。「我死了不曉得去哪裡？」自己不知道，家人也不知道。我們會覺得一離開這個世界，大概一去不回頭，什麼都沒有了，我們很擔心這個。學佛就是要瞭解死、生是什麼，然後怎麼經營我們的生命，到達離苦得樂的狀態。也就

是說，如何斷除煩惱，如何了脫生死，這個是佛法的重點。

生命就是一路要行善做好，佛法的生命不是只有今生，它是從過去到現在、到未來的生命，都是要不斷地去經營管理的。如果不好好經營管理我們的生命，未來的生命就不會很好。所以從現在開始，就要知道怎麼經營管理自己的生命。也就是要多放生，身體就會健康；多布施，就有很多的善緣；內心常常不計較，就能無礙，計較就有罣礙。我們跟佛學習，就是學習三種法門，第一個就是覺悟，覺性、靈性大家都有，如果沒有就不會來這裡了；如果沒有靈性，不可能生活、生存。可是我們不認識靈性，我們只認識這個假的身體，這個身體是果報來的、業報來的。這個身體一死掉，我們就想說完蛋了，都沒有了；可是佛法並不是這麼說的，活著的不是我們的身體，活著的是我們的靈性，所以要認清楚我們的靈性，要找回靈性的本質。佛祖就是證悟到這個不生不死的原理，我們把那個東西找回來，就可以不必"怕死"。所以，學佛第一個學佛的法身，法身是我們共同的，佛就是證悟到不死法身。

第二個佛祂得到了大智慧，空性的智慧，能夠解決一切的煩惱，所以我們要追求的就是這空性的智慧，讓我們無障無礙的活下去。第三個學習佛的慈悲心，也叫做菩提心。大家都知道成佛就是最完美的智慧跟人生，所以要成佛，就要發願、發菩提心、自覺覺他，當大菩薩；像現在大家就是要發心學佛，願學佛、成佛，發菩提心、自覺覺他，要發心成佛。

發心成佛，首先就是要做慈悲心，不結惡緣、只結善緣；讓我們的大悲心，周遍一切處，就是要周遍在每一個人。六道裡面一切眾生，苦難的時候，我們在那裡；一切時中，我們的慈悲都在那裡，待人接物都要有這樣的慈悲，就是一個好緣。沒有愛心，生命就乾枯了，沒有潤滑、沒有快樂；沒有慈悲心、沒有愛心，就沒有快樂。大家有愛心、有慈悲，幸福快樂就在那裡。所以我們都要做到愛心跟慈悲，推廣愛心跟慈悲，這份的功德，就是佛的福報，叫做福慧具足，生生世世，這個就是真理。

所以學佛，第一個學不死的生命，第二個學習不障礙的智慧，第三個學習讓慈悲遍滿一切處，學佛就學這個。我們要做慈悲的事情，要處處對家庭、對社會、對你我、對一切的生命，就要有愛心，那我們就有福了。今天非常感謝大家能夠在過年來到這裡，做一個最好的開運集結。

桃園講堂
梁皇寶懺瑜伽焰口暨浴財神法會

有鑑於地球環境的災難頻傳與社會人心不安，桃園講堂自2001年開始，已連續九年於新春期間啓建「梁皇寶懺瑜伽焰口暨浴財神法會」；法會目的在於讓大家藉由法會來懺除業障，以消除人們的業障、病障及災障，提供大家增福修慧的機會。心道師父曾開示：「大家知道

我們這個世界災難那麼多，大部分是因爲瞋恨，從瞋來就是有殺傷力的；從貪來就是火燒、水淹，這個就是貪來的；而戰爭、災變，這就從瞋恨來的。所以我們今天能夠讀《梁皇寶懺》，能夠在過年的時候這樣讀，我們也就是製造磁場、製造波段，讓我們的國家能夠平安，我們的社會能夠和諧。」多年來，由於西區護法善信們共同的祈請與努力，今年仍然持續新春期間啓建梁皇法會的傳統，而每天參與的信眾、義工近二百人，大家都歡歡喜喜過了一個吉祥又豐收的新年。

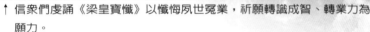

↑ 信眾們虔誦《梁皇寶懺》以懺悔夙世冤業，祈願轉識成智、轉業力為願力。

無盡藏

1997年10月桃園講堂在桃竹苗護法善信的期盼之下完成開光，同時啟建了「梁皇寶懺法會」與「神奇舍利展」；西區護法善信們記取師父的教導，為靈鷲山志業、福祉、慧命而努力，讓西區有一個禪修、聽法、互動造福的地方；荷擔了弘法、護法的崇高志業，積極的推展師父的理念，將美好的佛法傳遞出去，生生世世地為「弘揚諸佛法，利益一切眾」盡最大的心力。

禪心・大願・慈悲力

跨宗教
祈福交流茶會

2010年迎春祈福茶會
2010 Spring Prayer and Tea Ceremony

世界宗教博物館創館理念「尊重、包容、博愛」，是源自於心道師父的佛法體悟；世界宗教博物館創館九年來，一直在推動生命教育、從事心靈改革，讓社會上很多需要關懷的朋友得到愛的鼓勵跟愛的助力。讓很多人體認到宗教信仰確實能讓我們的心境轉換、得到淨化，改變內心的恐懼、化解煩憂。

連續第三年各宗教領袖代表在新春團聚於世界宗教博物館，是源自於對創辦人心道師父理念的肯定與認同，也在在表示對世界宗教博物館跨宗教交流平臺的肯定，以及與心道師父深厚的情誼；逾百位宗教領袖代表、友邦駐華使節代表，以及各界貴賓也蒞臨會場，參與這場真心祝福的活動；跨越宗教、種族、語言及文化藩籬，將「愛與和平」的種子生生世世散播下去，為臺灣及全球的和諧平安相互承諾，共創一個共存共榮、永續昌盛的「愛與和平地球家」。

用我們的信念，凝聚成為和平的種子，遍灑在世界各個角落。

2010祈福交流茶會 主禱文

讓我們以至誠、清靜、感恩的心：

祈願：萬物換化、自然生息，

讓我們體悟無知，學會敬畏與感恩。

祈願：清靜儉約、隨順因緣，讓我們擺脫貪婪，學會寡欲與本性。

祈願：國際合作、種族交流，讓我們撫平差異，學會尊重與包容。

祈願：倫理重建、靈性提升，讓我們照見本性，學會博愛與和平。

祈願：在慈悲中聚集的因緣，成為和好世界、回歸本性的種子。

願一切圓滿、美好，能夠降臨在我們身邊，

無遠弗屆，共創愛與和平地球家。

禪心・大願・慈悲力

2010年迎春祈福茶會
2010 Spring Prayer and Tea Ceremony

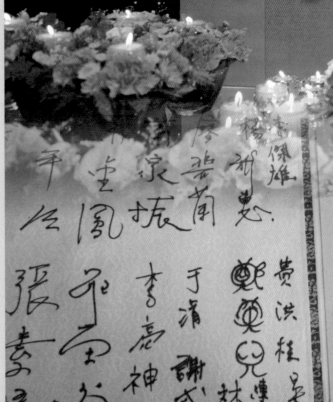

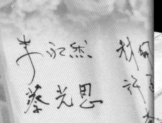

2010 Spring Prayer and Tea Ceremony
Main prayer

Let us have sincere peaceful gratitude heart.

May we see all the things are changeable growing by nature.Let us aware our ego mind we know to respect and appreciate.

May us be peaceful and simple,flowing the life.Let us remove our greedy,we know how to be happy and be our nature.

May our world can have cooperation,no difference of race.Let us accept the equity. We know how to respect the others.

May us rebuilding our moral,the uplift of spirit.Let us see our true nature,we know how to be compassion and peace.

May we accumulate the good deed of kindness.Let us have the peace world and back to our nature.

May everything is coming to fulfillment and expand.Let us have "love,peace and global family together.

臺灣基督正教會
李亮神父簽署主禱文

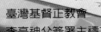

中華道教總會張樨理事長。

猶太教Taipei Jewish Services
Rabbi Dr. Ephraim F. Eiphorn。

駐臺北以色列經濟文化辦事處Israel Economic and Cultural
Office in Taipei Mr. Raphael GamZou甘若飛代表。

基督教羅榮光牧師。

中華民國一貫道總會
蕭家振秘書長。

中華民國生活的藝術發展協會
Mr. Allen Bruce, James，與廖碧蘭理事長。

正覺大塔——佛陀證悟的地方。

印度
朝聖之旅

印度是佛教開始的源頭，也是每一位佛子畢生
要朝聖的地方。靈鷲山佛教教團舉辦印度朝
聖團，已行之多年，今年更將朝聖團以「朝聖火車」
之旅為主，讓每位朝聖者皆能靜心感受佛陀聖地的加
持。造訪佛陀成道的八大聖地巡禮，探尋佛教的源
起，親證佛陀足跡的體會，讓自己也如同重新經歷一
次生命的洗禮。透過朝聖之行，令僧俗二眾對佛陀升
起信心，凝聚法的共識，認識佛教史地，也得到聖地
加持。讓自心回到原本的清淨自在，找回學佛最初的
心和感動，更堅固佛子的道心！

鷲首石——佛陀在靈鷲山宣揚大乘佛法的象徵。

↖ 火車朝聖。

← 靈鷲人以佛陀在靈鷲山宏揚大乘佛法的精
　神,追隨心道師父大乘的菩提願力。

↖ 尊勝導師——釋迦牟尼佛。

↗ 鹿野苑——於佛陀初轉法輪處繞達美克塔。

← 正覺大塔前共修《華嚴懺》——「拜懺，就是以
清淨懺悔的心，把過去的冤業拜掉、把現在冤業
拜掉，把未來可能再起的惡因也清淨。」

大殿內有一尊六尺長的佛陀像，安詳平穩地躺臥在眼前。

拘尸那羅──佛陀涅槃地。

↑ 那爛陀大學——「大乘佛法是從菩提心開始，不斷點燃每個人的心燈，讓他認識學習成佛這條路，讓他開悟，累劫累世不退轉、成就佛道，讓佛法永遠照亮世間。」

← 靈鷲山首座了意法師於祇樹給孤獨園講授《金剛般若波羅蜜經》。

1956年由印度考古局根據玄奘的《大唐西域記》挖掘出傳說中的竹林精舍迦蘭陀池，加以復原。

佛陀為母說法處——「去朝聖，朝釋迦佛出世的地方、證道的地方、說法的地方，種下正覺的種子、不退轉的種子、不墮落三惡道的種子，消除我們宿世的業障。」

尼泊爾倫比尼——靜音菩薩在佛陀出生地前靜坐。

夜晚的恆河，教示著一切現象的無常、一切現象終究是空的、一切都找不到一個真實的「我」存在！

佛陀出生地──尼泊爾藍毗尼園。

↑ 佛陀在竹林精舍居住25年，他當年以竹林精舍為中心，沿著恆河遊行教化，此為雨季安居禪坐（結夏安居）、修學的地方。此處與舍衛城之「祇園精舍」為佛陀的兩大說法處。

← 南登格爾──阿育王石柱（Ashoka pillar），印度孔雀王朝第三代的統治者阿育王，年輕時勇猛好戰，後因聽聞佛法，頓發大心，痛懺征戰是非常悲慘的，於是發願把佛法推行遍尚天下四方。凡是佛法所到的地方，都設立四面獅像的柱子，以代表佛教的宣揚。傳說阿育王在位期間，共建造了八萬四千座佛塔。

華嚴的意思，就是因為不同而存在，
因為同而和諧，叫做生命共同體。

參月
March

2010年
慧命成長學院課程

太極導引讓身體的氣自然運行，使身心通暢。

六祖壇經的般若甘露、智慧之語，開啟了修行之路。

生活瑜珈在繁縟的工作之後，幫助舒展身體，讓積累的疲憊一掃而空。

坐落於人口密集度第一的永和區的「慧命成長學院」是靈鷲山為繁忙的都會人開設的學院，其「佛法課程系列」是以《菩提道次第廣論》為骨幹而發展，配合民初太虛大師開示居士學佛程序，成為佛學課程的主體結構；學院另配合相關的世學課程設置，藉以輔助菩薩道行持。「慧命成長學院」秉承續佛慧命的精神、「尊重、包容、博愛」的理念，開設社會人文教育相關的系列課程，以期培養全方位的生命智慧。

靈鷲山「慧命成長學院」秉承心道師父的教育職志，將佛法與現代生活結合，培養現代人全方位的智慧。「慧命成長學院」以「社區大學」模式開辦課程，為了使佛法普及於生活、攝化世間，開設了多元化的佛學及世學系列課程，致力於心靈復歸的慧命成長，使學習者能敞開心胸，擴展內在心靈的視野，尊重各個生命與不同的信仰。

「佛學系列」教學著重次第，並重視普羅大眾的接引，於佛學經典深入淺出，使人人都能學習佛法；「世學系列」則以培養身心修行的生

活風格爲主，除了【太極導引】及【生活瑜珈】等世學課程，今年秋季班還增設了【簡單學佛系列】、【影像佛國系列】、【生命朗讀系列】等講座系列課程，以期實踐清新自在的生活理念。

「慧命成長學院」所舉辦的各類豐富課程及講座，以不同的次第與方法，營造不同的學習氛圍，讓學員們在互動溝通的過程中，學習彼此聆聽、相互理解；從最基礎的佛學觀念中，啓發自己與他人相同與相異之處，進而包容、體會與尊重彼此的生命，建立新的生活方式。課程不僅是爲了充實了心靈慧命的良田，更使在家信眾們成爲善心與行持都能具足的現代行者，促進社會風氣清寧，提昇人文生活的品質。

↑靜音菩薩專注精進，藉由手語翻譯傳達法師所宣講的內容，。

班別	項目	課程名稱	講師	開課時間
春季班	佛學系列	佛典與生活	妙解法師	5/7（五）
		《六祖壇經》～禪師的智慧	恆明法師	6/2（三）
	世學系列	太極導引	林照富老師	3/17（三）
		生活瑜珈	高嘉陽老師	3/24（三）
秋季班	佛學系列	入菩薩行論	洛桑滇增堪布	10/5（二）
		佛遺教經	寶嚴法師	11/4（四）
	世學系列	太極導引	林照富老師	08/25（三）
		生活瑜珈	高嘉陽老師	9/16（四）

班別	項目	課程名稱	講師	開課時間
講座系列	簡單學佛系列	心的停靠站	法宣法師	10/13（三）
		別被佛笑沒禮貌		10/20、10/27（三）
	影像佛國系列	高山上的世界盃	孫菩蔚老師	9/24（五）
		密勒日巴		11/5（五）
		轉世小活佛		11/19（五）
		小活佛		12/3（五）
		火線大逃亡		12/17（五）
	生命朗讀系列	Ready to heal——創造生命的奇蹟	林始欣老師	9/29（三）
		Ready to love——享受吧！一個人的旅行		10/6（三）

緬甸
大雨耕心營

靈鷲山佛教教團非營利組織「愛與和平地球家」（GFLP：Global Family for Love & Peace），從2006年6月在仰光省果目鎮（Kowhmu）展開的第一個「大雨托兒所」計劃開始，於雨季農忙時，提供免費專業照顧農村幼童。

　　為提升緬甸教育的師資品質，落實尊重生命與關懷生命的教育精神，並將心道師父創建「愛與和平地球家」的理念深度播植，靈鷲山緬甸國際禪修中心法成就寺，已連續舉辦了三年的「大雨耕心營」，期望以佛法本具的愛與慈悲精神作為基礎核心課程，培訓出一群兼具愛與包容心的優秀教育人才。

　　直至目前為止，GFLP已經在果目鎮陸續成立了三個「大雨托兒所」；未來，希望能有更多大雨托兒所、有更多優秀的老師，陪伴孩子們一起成長。

心道師父特別於課程一開始，和全體學員會面，鼓勵大家精進學習。

無盡藏

↑ 課程從佛學立論，與佛法實踐等不同層面剖析，並引導學員們互動討論。

↓ 除了佛法課程，本屆大雨耕心營還運用多種心理測驗、互動遊戲，及影片分享，給予學員開闊的視野去探索教育路上的各項可能性。

「大雨托兒所計畫」是將幼兒集中在托兒所中，由沒有收入的婦女來照料，安全、衛生、教養、陪伴、遊戲，小小孩一星期七天都由托兒所照料，每周末還有醫療團隊訪視，每天可以喝到牛奶、吃到熱食，不但安全與健康獲得改善，在智能成長方面，也因幼兒在團體生活中而得到較好的啟蒙與互動成長。

←四天三夜的研習營,另安排學員們上大金塔頂
禮朝拜,一償宿願!

↓在緊湊紮實的充電課程結束後,大家相約明年
再見!

靈鷲山佛教教團　靈鷲山緬甸國際禪修中心　GFLP

大雨耕心營

紐約講堂
華嚴三日禪

一日之計在於晨，
以太極導引喚醒身體的每個細胞。

了意法師以菩薩的概念貫穿次第的問題，
講述〈普賢行願品〉從眾生到佛的歷程。

靈鷲山紐約講堂舉辦以閉關的形式開展的「華嚴三日禪」活動；每日先以太極導引放鬆身體筋骨，再以禪修放下心靈重量；接著進行〈普賢行願品〉的持誦，整個上午，學員們沉浸在禪悅輕安之中。下午的研討會，學員們與法師們親近地討論佛法，彼此分享心得；晚間再由靈鷲山首座了意法師的傳法授課，更能切近學員們的生活層面，獲益匪淺；三天活動輕鬆愉悅，講堂內洋溢著滿滿笑語。

21日的「華嚴之美與成佛之道講座」，由了意法師主講華嚴思想、步驟與行願，並對應靈鷲山的禪修訓練，將華嚴概念深刻融入日常生活，臺上與臺下互動十足。最後，了意法師期勉學員「如果要讓華嚴顯現在世間，我們首先要認識生命的本質，進而產生積極正面的力量。」期許大眾能夠將華嚴落實於生活，不但要內化以找回自己，更要用實踐以顯化世間華嚴。

↑ 以經典學習為主的「華嚴三日禪」活動圓滿落幕，祈願將華嚴聖山的理念，傳播到世界各處。

↖ 了意法師期勉學員：「如果要讓華嚴顯現在世間，我們首先要認識生命的本質，進而產生積極正面的力量。」

← 以閉關形式進行的「華嚴三日禪」，將心道師父的九分禪帶入活動中，讓學員們了解禪修的步驟與方法。

↖ 每位學員針對〈普賢行願品〉的內容，經由討論與互動，去思考、去感受，將佛法概念融入日常生活中。

　　此次紐約講堂「華嚴三日禪」的閉關禪修活動，深獲當地信眾的歡喜與肯定。而心道師父的「華嚴聖山」理念，在這次課程中系統性如實地宣說了出來！參與的大眾個個法喜充滿，且進一步地瞭解了心道師父創建「華嚴聖山」的悲願；更期待這樣的課程能落實在靈鷲山全球各地的講堂、中心，讓全球靈鷲人一同感受華嚴法益的芬華。

世界宗教博物館
參訪紀實 I

↑ 3月8日「2010蘭州職業技術學院交流參
訪團」參觀世界宗教博物館。

世界宗教博物館開館至今，始終秉持著「尊重、包容、博愛」的理念，為人類提供靈性提升的場域；堅持以「尊重每一個信仰，包容每一個族群，博愛每一個生命，共創愛與和平地球家」為原則，超越種族、國家、宗教、語言，創造一個和諧、開放的對話平臺，讓更多的智慧，在這個平臺上發光發熱，互耀共容。世界宗教博物館的展覽以宗教文化為主，包含了多種宗教類型，展出大量、精緻、具有歷史意義的宗教文物，同時具有藝術價值；世界宗教博物館藉由高科技、多媒體、空間感的設計，深刻的探討宗教與宗教間、生命與宗教間、人與人之間的關連性，讓每一位參觀者從視覺、聽覺、觸覺去感受，引領觀眾進入人類文明與生命體驗的殿堂，營造互動的情境，感受獨特的宗教體驗，學習「體驗生命、尊重生命、熱愛生命、欣賞生命」的重要價值。

　　3月18日蘭州職業技術學院受財團法人周凱基金會之邀，組成「2010蘭州職業技術學院交流參訪團」，在范宏偉副院長的帶領下，參訪世界

↑3月31日劉麗君修女參觀世界宗教博物館。

宗教博物館。年輕活潑的團員對於這座生命教育的場域，感到十分新奇且嘆為觀止，並相約下次再見。

　　3月31日天主教亞洲真理電臺劉麗君修女參觀世界宗教博物館。已成立四十餘年的亞洲真理電臺，在七〇、八〇年代時劉修女總是常常要準備生活倫理課程在電臺播放，但二三十年前資訊分享沒有現在普及，很多資料都付之闕如；劉修女參觀世界宗教博物館後表示：「參觀世界宗教博物館不只用眼睛看而已，還會觸碰生命最深處，讓人思考反省。每個博物館都有它的使命，而世界宗教博物館可以將很多宗教的內涵以活潑有趣的方式，傳達給年輕族群，發人省思，彌補現代人心靈的不足」，並盛讚世界宗教博物館推廣生命教育的用心，是現代人最佳的倫理教學場域，她願將這次美好的參訪經驗帶回馬尼拉，向當地教友大力推薦。

禪心・大願・慈悲力

世界宗教博物館
生命教育研習活動

宜蘭區中小學生命教育教師研習

民生國中多元文化教師研習

世界宗教博物館是全臺首座「生命教育體驗館」，期望透過最基本、最完整的生命教育課程，幫助每一個人對生命有更正確的體認、更深一層的探索，進而找到人生不同階段的目標及價值，發揮「生命服務生命、生命奉獻生命、生命覺悟生命」的精神。世界宗教博物館以長期推動生命教育的實際作為，獲得了教育單位的支持與鼓勵。近年更持續為各級學校老師舉辦免費的教師研習，且呼應高中課程綱要之修訂，99年度起生命教育列為高中必選修課程，世界宗教博物館這一系列的研習營，為教師們提供了深入探討生命教育的場域，並成為我們傳播生命關懷的種子。

本年度世界宗教博物館推出了新一年度的議題：「我的身體屬於誰？——生命與科技倫理對話」，另外，也持續舉辦從去年度就受到熱烈迴響的「生死關懷種子教師研習營」。「我的身體屬於誰？——生命與科技倫理對話」讓老師們思考身體的倫理意義，探討人的生命尊嚴，帶領學生對相關公共議題，並培養其獨立思辯的公民參與能力。「生命

關懷種子教師研習營」，藉由生死關懷、安寧療護、器官捐贈等議題的研討，讓教師運用多元教學方法、豐富教學內容，積極引導學生認識、珍惜生命，發揮生命的大愛。

　　自從世界宗教博物館推出教師研習活動以來，得到各級學校的熱烈響應與鼓勵，至今已辦過五百多場次。藉由參加教師研習活動，老師們對世界宗教博物館的創館理念及生命教育架構有了充分的了解與認同，臺北市幸安國小、河堤國小、雨聲國小、西湖國中、芳和國中、中和國中、方濟高級中學、北縣永平國小、中和復興國小及汐止國中陸續成為世界宗教博物館的簽約學校，全年不限次數使用世界宗教博物館作為生命教育校外教室。

　　世界宗教博物館多年來，主動與教育單位攜手合作，共同宣導、推廣生命教育，這象徵生命教育不再只是侷限在校園內的改革，更走出校園落實整合了生命教育的社會資源，深具意義。

2010年5月1日──生命與科技倫理種子教師研習，學員與雷文玫老師互動。

2010年8月16日──生命與科技倫理種子教師研習營。

日期	2010年度生命教育議題	參與對象	參與人數
03/27	生死關懷──器官捐贈與安寧療護種子教師研習營	全國國小、國中、高中及高職教師（包含特殊學校）	30
5/1-2、8/17-18、12/4-5	生命與科技倫理種子教師研習營：「我的身體屬於誰？」──生命與科技倫理對話		146
07/10	「如何預立有效遺囑？」生死關懷種子教師研習營		44
10/09	「愛留人間生命永續」生死關懷種子教師研習營		33

日期	2010年例行性生命教育研習活動	參加對象	場次
3/20、4/24	幼兒生命教育教師研習	臺北縣公私立高中（含）以下學校教師暨家長代表	共2場
1~12月	生命教育教師研習		共24場
1~12月	生命教育多元文化系列教師研習		共20場

2010年5月2日──生命與科技倫理種子教師研習──楊秀儀老師授課。

基隆講堂
清明懷恩法會

↑ 法會除了超薦法事之外，也希望透過活動的呼籲，把逐漸淡化的親情倫常及孝道精神找回來。

↑ 法會期間，會場亦提供義診、點心、結緣品致贈，邀請長者們一起前來，為自己的健康把關。

靈鷲山基隆講堂多年以來，著重於推動地方上的宗教關懷，而每年一度的「清明懷恩法會」及敬老關懷活動，在地方民心安定、孝親祭祖、富貴祈福等市民生活中所關心的事，都做到體貼親切的服務；透過此次法會活動，希望喚起世人重視清明祭祖，重建親情倫常的心靈情懷，將過去感懷祖先、親情交融的氣氛以及親情倫常的孝道精神找回來。法會部份以《地藏經》及焰口法會為主，秉承師父於墳場苦修時，發願超度幽冥的悲願，基隆區護法會善信們從1994年啟建「基金、淡金、陽金公路超度法會」開始，延續到連續14年舉辦的「清明懷恩法會」，不斷承續著師父深心的願力──「讓冤結釋懷過去，超越業報的束縛」。

← 祈求財寶天王護佑，順增上緣、求財滿
　　願。

↓ 在法會結束後，供品將贈送給育幼院，回
　　饋地方。

↑ 光孝寺是六祖慧能大師剃度的地方，也是著名公案──「風動或幡動」發生的地方。

↑ 廣州六榕寺內禪宗六祖紫銅法像。

92

心道師父
中國參訪朝聖行

心道師父前往中國大陸地區弘法，期間除了參訪禪宗祖庭光孝寺、六榕寺、能仁寺等，也與大眾分享愛地球的觀念，從推動素食、節能減碳開始做起，從環保的工作做起，從寧靜自心的心靈環保做起，這也是正在快速發展的中國所需要的。師父並為當地的六、七家臺商工廠灑淨，為辛苦耕耘的臺商們帶來一份佛法的滋潤與祝福。

↑ 曙正法師日前陞座方丈，心道師父特別致贈金佛作為賀禮，也同時祝福漣水地方佛教的發展。

無盡藏

心道師父在光孝寺與當地的佛教單位交流——廣東省約有6800多位出家眾、1408座寺院和四所佛學院，目前在教育、救災、慈善、文化各方面，都希望學習臺灣佛教界積極入世的精神。

由於2009年心道師父受邀參加無錫佛教論壇，因而與當地臺商結下了緣；這次師父接受當地臺商的邀請，給予他們佛法的滋潤。

禪，就是學習跟自己在一起；
了解自己、證明自己，讓自己安定滿足。

肆月
April

〈與佛做朋友〉
和觀音菩薩一起過生日

讓心境歸零，隨時隨地，找回日常生活中所渴望的安定平靜。

靈鷲山三乘佛學院專為年輕人所設計的「佛門探索營」系列活動，時常以各種不同的樣貌接引新世代的年輕人。今年特別在觀世音菩薩生日舉辦「和觀音菩薩一起過生日」活動。

在活動中，法師們帶領學員時時記得回到當下，找回自己的心，讓學員們體會身邊的美好事物。課程安排學員們來到世界宗教博物參觀《慈悲‧自在——遇見觀音》特展，感受觀音千處祈求千處應的慈悲胸懷；除了參訪世界宗教博物館之外，更有永和講堂的修行體驗，讓學員們學習禮佛、做一分鐘禪、共修〈大悲咒〉、回向、供燈祈願等；最後安排四月份生日的壽星，在觀音菩薩的誕辰日，和大家一起過生日，在滿滿的溫馨感動中劃下圓滿的句點。

和觀音菩薩一起過生日

四月三日是觀音菩薩的生日
邀請喜歡觀音菩薩的青年朋友們
和觀音菩薩一起過生日~
凡參加者，皆可得到一份特別的觀音法寶禮物
如果你是四月份生日的壽星，
另有一份特別加持的神秘禮物喔！

99.4.3 和觀音菩薩一起過生日

→ 點點心燈，照見心底的光。

← 將學佛後的喜悅與大家一同分享，與菩薩一起過生日，共霑法喜。

↓ 共修〈大悲咒〉：提醒自己反觀自照，感受觀音菩薩救度眾生的大悲心。

雲水禪

心道師父說：「禪修就是心，我們用打坐，跟心做好溝通交流，到最後讓心的本來面目呈現。我們的心就是我們的覺性，也就是我們的本來面目，修行要開悟成佛，就是從這個心，心即是佛，佛就是心，不能悟心就不能成佛，所謂成佛，就是遍智，我們的心就是遍智，現在我們搞不懂我們所擁有的心，所以必須靠禪修，要靠方法、靠技術、靠橋梁進入，讓你的心屬於你自己，找回自己。」

→ 親子禪修──好動的孩子也愛上了靈鷲山，吵著下次還要再上山。

・雲水禪一

靈鷲山無生道場自1991年起，每年舉辦「雲水禪一」活動，讓初接觸禪修的學員，放下萬緣，利用一天的時間，體驗禪修的樂活。在海天山色間的大自然中，與自己的身心對話，自在地找回呼吸，探索究竟的心之道，聆聽寂靜、回歸真心。禪修是心道師父最初修行的源頭，也是靈鷲山最基本的教化。藉由簡單安全的正確修行，單純地體驗「清水斷食一日禪」，再輔以「海元素活水」淨化身體，達到潔淨身心靈的功效；透過法師的引導，在森林中行禪、坐禪、舒活筋骨，了解禪門行儀、認識心道師父與靈鷲山，體驗身體的放鬆與心靈的寧靜。

行禪不求整齊劃一，而是在進、止之間，觀察心的動、靜。

領略靈鷲山四季的禪風，是最珍貴的享受。

夜間的拜願，洗滌了一天動靜出入的思緒，培養我們寂止懺悔之心。

·斷食雲水禪三

　　靈鷲山自1987年起，每年舉辦多場「斷食雲水禪三」活動，今年則舉辦了六場斷食雲水禪三；學員們透過禪修減輕生活壓力、疏放工作緊張，再由「有機蔬菜汁斷食」，清潔體內毒素，讓學員達到淨化身心的效果。練習養身功法，舒活筋骨，讓身心都能達到最佳的禪修狀態；享受山居的寧靜安適的禪修生活，在森林中行禪，在綠林、白雲間呼吸，聆聽海浪聲音，反歸自性、尋回真心。

·斷食雲水禪七

　　靈鷲山自1997年開始舉辦外眾「斷食雲水禪七」活動，禪七屬於進階的禪修課程，心道師父親自指導、傳授「寂靜修」法門，引導學員進入聆聽寂靜的修持，慢慢參透聽寂靜的竅門，更在寂靜的禪境中找到寧靜的法喜。如何面對身體的痛疼、心裡的煩惱，是禪七學習突破的過程；做到心不隨境轉，一心不亂，專注地把心安住，達到淨化習性、離相去執、回到本來面目，這就是精進禪七的最主要目的。

雨天的戶外禪修，帶來多一點的考驗，也給予我們觀察自心的機會。

・企業禪

　　靈鷲山1993年首度為企業團體設計之「企業一日禪」，至今已十六年。企業團體的禪修，不僅能讓企業同仁練習自我的情緒管理，更能讓整個團隊凝結共識、提升士氣，創造效率良好的情緒環境。靈鷲山規劃的團體企業禪，開放各企業團體預約，彈性舉辦一日禪修或二日禪修課程，讓忙碌於工作的企業團體也能共同體驗禪修的美好。

陽光從茂盛的枝葉間灑落，旋繞著，感覺天地的包覆。

禪心・大願・慈悲力

肆月

舉辦場次

場次	時 間 表
雲水禪一	3/20（六）、4/10（六）、5/2（日）、6/13（日）、7/11（日）、8/22（日）、9/12（日）、10/10（日）、11/14（日）、12/18（六）
雲水禪三	3/26（五）～3/28（日）、5/28（五）～5/30（日）、6/25（五）～6/27（日）、8/27（五）～8/29（日）、9/17（五）～9/19（日）、11/26（五）～11/2（日）
雲水禪七	4/22（四）～4/28（三）、7/19（一）～7/25（日）、10/22（五）～10/28（四）、12/24（五）～12/30（四）
企業禪	8/7（四）、8/23（一）

大家圍成一圈，互相分享，彼此成長。

開山聖殿靜謐的氛圍，讓心自然地寧靜下來。

無盡藏

雲水禪三心得

這三天我覺得禪修就像天氣的轉換，可以看到不一樣的境界。「斷食」跟「寂靜修」給我的感覺就是要珍惜；寂靜剛開始覺得好難，怎麼會有寂靜？除非把自己關在房間裡面，或是藏在水裡面，才會沒有聲音，才叫寂靜，所以心想怎麼可能。不過，經過這幾天，的確是有感受到，只是自己不會珍惜，原來寂靜就在身邊，只要用一點心，一兩天就可以拿到了，就不用花錢去哪裡享受聲樂。（周永興，新北市，新學員，工程）

體驗過雲水禪一，
學員們帶著滿滿的幸福賦歸。

雲水禪開示

禪修的目的，是爲了明心見性、了生脫死。平常的時候，我們的心容易散亂，因爲我們沒有回光返照，觀照自己的心。所以雲水禪這三天，我們聽什麼？看什麼？想什麼？這三天，我們在做什麼？所謂的找回自己，自己是什麼？到底我們是什麼？我們要了脫生死、要斷煩惱，唯一的途徑，就是找回我們的本來面目；沒有辦法找回本來面目，那一切都是生滅的、短暫的、無常的。

師父的法門叫做「耳根圓通」。教大家聽寂靜的聲音，寧靜下來、安靜下來，來聽寂靜——無聲之聲。這是《楞嚴經》觀音菩薩的法門，在禪坐當中，我們的心會有一個過程，「入流亡所，所入既寂，動靜二相，了然不生。」觀音菩薩在島上聽海浪聲，海浪的聲音一入耳朵後，裡面是寂靜，我們的耳朵聽到外面各種聲音，然而裡面是安靜的；到最後動跟靜都沒有，「動靜二相，了然不生。」這是心的一個過程，在禪坐的過程中，它一路會產生這樣的反應。

然後就是「動靜二相，了然不生，如是漸增，盡聞不住。」我

們就是用「聽」，靜也不取、動也不取，到最後能所、內外發生的一切都是盡聞不住，聽了而無所住，然後「聞所聞盡，盡聞不住，覺所覺空，空覺極圓。」如是漸增以後，就會覺所覺空，這個時候只剩下「覺」的變化；然後我們再坐下去、再聽下去，「覺」又會空掉。再坐下去、聆聽寂靜，就會「空覺極圓」，空所滅了以後，空是一個非常圓滿的、空靈的覺受。那我們再坐下去、再聽下去，就是「空所空滅」，空所裡面的執著、感受，也要滅掉，慢慢、慢慢「生滅既滅，寂滅現前」。這都是一個過程，主要是一個功夫，功夫沒有做，這些過程是沒有的。所以聆聽寂靜，不是只是聽，它會有成績的，到最後是「寂滅現前」，到達空所空滅的時候，寂滅才會現前。寂滅現前，才會真正的回到本來；回到本來以後，才真正的到達了生死，要不然就是談談而已。

　　禪修的過程雖然像前面講的這樣，最終還是要破相，怎麼破相？禪宗歷代以來都是「正法眼藏，涅槃妙心」，我們的本來面目就叫做涅槃妙心、叫做實相無相，是「不立文字，教外別傳」。什麼叫正法眼藏？就是正確的知見；涅槃叫做不生不滅，我們的妙心不生不滅。所謂的妙心，就是說它有無量的妙用、無量的功德；我們不生不滅的涅槃妙心，有無量的功德、無量的作用。

　　我們的心有沒有「相」？心有三種，肉團心，一般我們去開心

臟，血脂肪、血液的濃度過高，會堵塞心臟，要吃白木耳，化掉血脂肪這些東西，這是肉團心。還有是緣覺心，就是攀緣的心，我們的心會附在某一個東西上，比如說我們想錄影機，我們的心就附在錄影機；附在「我」，那就是我；如果附在男，就是男；附在女，就是女，這就是攀緣心，攀到什麼緣，就是什麼心，這是第二種心。第三種心叫靈覺心，這不是肉團，也不是攀緣。禪修就是要找回我們的本來面目，本來面目的主體就是這個「心」。

我們禪坐、聆聽寂靜的，是你的肉團心在聽，還是攀緣心在聽，還是靈覺心在聽，三個心是用哪一個心去聽？我們從這裡慢慢去分析、參悟，然後慢慢去理解，用真心去聽什麼是真心。聆聽寂靜，聽的是自己，能聽的是自己，所聽的也是自己，有沒有感覺？多打坐，就會發現這些秘密，就會斷煩惱、了生死，脫離輪迴苦海。

這個世間是業報來的，是受報來的。過去生造的業，今生受的就是「果」；來生的你，就是今生造的「因」，來生的果。所謂的受報，好好壞壞、善善惡惡、是是非非，全部都是我們要受的，並不是有固定的東西，沒有什麼東西是固定的，所有的一切都在流動的。流動的生命是沒有什麼保障的，不曉得什麼時候會發生什麼樣的事情。人是住在火宅裡，身體就是火宅，世間就是火宅，不曉得什麼時候，自己就毀滅了。可能我們來到這個世間，還不知道為什麼，就再見了，下一輩子再見、再來會合了。可是下一輩子也不曉得怎麼再見？

我們會變成魚，還是鳥、還是微生物，不曉得呈現什麼樣的生命再見。

我們平常為了活下去，貪瞋癡這三毒，無微不至的用出來，這都是跟任何的緣，造成對立。這樣我們的生命會好到哪裡去？既然是對立，彼此就會互相的傷害，再加上猜忌心、慢心，就是五毒。我們的生活裡面，無時無刻不在釀造五毒，這是「我」的本質，人的本質就是貪瞋癡慢疑；如果沒有經過佛法的薰陶，我們怎麼轉化五毒成五智？要脫離生命生死輪迴的苦，就要開悟見性，這些苦、這些罪才能全部脫落。所以人就是這樣，從無始以來到現在一直都是這樣子，為了生存，彼此吞噬、彼此殺戮、彼此傷害，從來沒有停止過。今天我們學了佛，進入佛門，是很有福報，有機會逃脫仇恨、愛欲、貪婪的世界。

念「阿彌陀佛」也是要打拚的，心要跟阿彌陀佛相應到一個程度，才可以到極樂世界去；念咒是念力的修持，可以轉生到他方具足善業的世界、國度裡。不過，說來說去，唯有找回自己是最保險的，我們本身就具足了不生不死的元素。所以禪修是很重要的，禪修能夠脫落這一切的糾纏，禪修是出離生死、離苦得樂唯一的道路。

靈鷲山北縣B區護法會
啓建藥師寶懺暨三時繫念法會

爲推廣回思自身生命歷程，以「和解生命」的慈悲心達到良善互動，創造尊重、包容、博愛的和諧社會，靈鷲山北縣B區護法會於新泰國中啓建「藥師寶懺暨三時繫念法會」；期以「懺法」攝受個人的身口意，並藉由佛法的薰習，反省、懺悔、改進自己種種不善的言行，進而能夠發願積極利益眾生；而「三時繫念」法會則以彌陀大願力，超薦亡靈往生西方極樂世界，永離茫茫業海。

→恭誦聖號以超薦先亡，憑藉菩薩的願
　力，往生西方極樂淨土，永離輪迴之
　苦。

靈鷲山藥師寶懺暨三時繫念法會

啟建「藥師寶懺暨三時繫念法會」，祈願四眾弟子平安，佛行功德圓滿。

富貴金佛普照桃園
泰國潑水節High翻天

勞工朋友們於富貴金佛壇城前合掌祈福。

桃園縣素以工業區多聞名，雇用的泰籍勞工大約二萬六千餘名，可說是全國之冠，所以為了一解泰勞朋友的思鄉之情，縣政府特別於桃園體育館舉辦盛大的「潑水節」活動，並再度恭請靈鷲山的富貴金佛以及國王金佛蒞臨會場，為所有人加持祈福。眾多虔誠的勞工朋友在富貴金佛繞場後，排隊至壇城處供花、頂禮富貴金佛，並恭敬的浴佛祈求闔家平安。相信對這些離鄉背井的勞工朋友們而言，能有機會領受到來自家鄉的加持與祝福，其中意義不言而喻！

祈求洗去過去一年的不順，新的一年重新出發。

富貴金佛祈福隊伍啓駕繞場祈福

世界宗教博物館 參訪紀實 Ⅱ

世界宗教博物館開館至今已經九年，超越種族、國家、宗教、語言，創造一個和諧、開放的對話平臺，讓彼此的文化內容得以在這個平臺上發光發熱、互耀共榮，因此獲得了國內外人士的肯定，更成為國際朋友來臺必定參訪的景點。

江韶瑩館長祝福大家在觀覽後能體驗到心的寧靜，安住自在。

4月13日美國邁阿密「美洲日報」（Diario Las Americas）主編等一行七人——美國邁阿密「美洲日報」主編兼撰稿Mr. Fidel Jesus Hernandez、巴拿馬「巴美日報」副刊雜誌（SIE7E de Panamá América）記者Ms. Enedelkis Magallon、德國「漢諾威廣訊報」（Hannoversche Allgemeine）記者Mr. Volker Wiedersheim以及捷克「權利報」（Pravo）旅遊版主編Mr. Petr Vesely，一同參觀世界宗教博物館。世界宗教博物館館透過宗教文物及

建築模型的展示、多媒體器材的運用,將臺灣在地的民俗信仰與東方的古老宗教介紹給主編、記者們認識。

4月23日世界宗教博物館邀請了林德福立法委員、臺北縣陳鴻源副議長、周中元市民代表、里長聯誼會許展榕總會長,以及永和市二十多名里長一同參觀世界宗教博物館,讓里長們感受世界宗教博物館館與地方文化結合的在地精神。

5月15日永和市公所民政課顏闕壤課長暨永和市兵役協會林長勳理事長等45位地方賢達一同前來參觀了世界宗教博物館館。這趟愛與和平的心靈之旅為他們帶來了厚實溫潤的心靈饗宴,世界宗教博物館館也獲得了地方賢達人士的熱情相挺。

5月28日中國博物館理事學會張柏理事長、日本青商會以及大陸高中小學校長團來館參訪,對於世界宗教博物館館從探討生命、認識生命到學習生命的設計,留下深刻的印象,給予世界宗教博物館館高度評價。

↑ 宛如「里民土地公」的里長伯遇見觀音,若有所思。

↖ 東方宗教神秘色彩吸引外國主編群目光,是令人難忘的心靈體驗。

↓ 用心呼吸,體驗不同宗教禪修的寧靜。

禪心‧大願‧慈悲力

113

大悲觀音
度亡圓滿施食法會

心道師父曾開示：「圓滿施食就是轉識成智的超度方法。這個誦經超度，是作一個觀想，讓亡者能夠聽聞佛法，轉識成智，能夠放下執著。讓內心的貪瞋癡，能夠化解到沒有罣礙，化解到能夠放下執著而轉生。這些儀軌，可以解開他們心識的惑，然後讓他們升起大歡喜心，升起善的功德，所以他們因此得到安寧。」

「圓滿施食」的緣起源自於三十多年前，心道師父在墳塚間的苦行，看盡生死輪迴的苦，因而發願希望超度救拔眾生的痛苦。於是自1990年11月至今，每個月師父皆親自主持圓滿施食超度法會，多年來未曾間斷。2004年4月更因藏密傳承《大悲觀音更密無上法要》之故，法會擴大舉辦，並修訂為「大悲觀音度亡法會」。

《大悲觀音更密無上法要》源自千年之前蓮師的親傳弟子——朗措昆秋炯內的化身大伏藏師持明龍薩寧波所取出的伏藏，屬於蓮華生大師法教中最古老的巖傳。

2001年寧瑪派噶陀傳承持有者莫札法王於禪定淨觀中，認證心道

圓滿施食也是在超度我們的心，增長我們的福報，也能讓我們生生世世不離佛法。

鈴代表智慧，杵代表方便，鈴杵即表示不離方便智慧的密義。

「食子」的藏音是「多瑪」，藉由供養食子獻給諸佛菩薩和本尊，並布施一切眾生。

師父爲噶陀虹光身成就者卻吉多傑轉世，並於2002年委任毗盧仁波切前來爲心道師父舉行陞座的大典。1997至2005年間，心道師父得到寧瑪派《龍薩寧波法藏》完整的灌頂口傳講解教授，亦完整獲得寧瑪派精華寶藏──《大寶伏藏》之上師部、本尊部、空行部、護法部及附屬事業的口傳、灌頂與口訣教授。心道師父的傳承上溯普賢王如來到傳法上師之間毫無中斷，其間一切三昧耶均非常清淨，沒有任何瑕疵，具有珍貴無比的傳承加持力。

心道師父傳承寧瑪噶陀法脈，以塚間實修的大悲願力，結合巖傳《大悲觀音更密無上法要》的殊勝傳承加持力，透過每月親臨主法與加持共修的力量，爲六道輪迴有情除障超薦，證入心性，令離苦得樂，究竟解脫。法會中，大眾一同爲亡者的冤親債主觀修施食，消除亡者心續之障礙，並爲祈求皈依三寶，洗淨其習氣、垢染，滅除三毒苦，引導迴避六道輪迴苦門，最後令其神識遷轉入大悲觀音尊，成爲觀音之眷屬，終至究竟清淨解脫。

信眾們精進在善法的耕耘，努力培植福慧二資糧。

禪心・大願・慈悲力

心道師父獲頒緬甸國家最高榮譽獎章
「傳授禪修卓越優秀獎」

此次心道師父獲獎，是國家上座部最高僧
伽委員會第一次頒贈給國外人士。

心道師父於4月26日前往緬甸首都奈比多（Nay Pyi Daw），接受緬甸國家上座部最高僧伽委員會頒贈一級榮譽「傳授禪修卓越優秀獎」（MahaKaMaTaNaSaYiY），這是心道師父繼2006年獲得緬甸頒贈的「國家最高榮譽弘揚佛法貢獻卓越獎」之後，第二度獲得緬甸國家獎章。這份至高無上的榮耀，用以表彰心道師父在傳授禪修以及弘揚佛法等善業領域上卓越的成績。緬甸是沿襲佛陀時代修行傳統的佛國，有逾五十萬名僧人，自1948脫離英聯邦宣布獨立以來，此項推崇禪修成就的國家級禪修獎，曾頒發給雷迪大師、烏巴慶大師、孫倫谷大師、摩構大師、香腳羅漢、達馬樣尊者等緬甸禪修大師，總共約只有十餘位大師。此次心道師父獲獎，是緬甸國家上座部最高僧伽委員會有史以來第一次頒贈給國外人士，此項肯定與推崇，實為臺灣宗教界共同的榮耀。

「傳授禪修卓越優秀獎」是由緬甸四十七位高僧們審核與推薦，經過四次嚴格評核而選出的。

心道師父接受緬甸國家上座部最高僧伽委員會頒贈「傳授禪修卓越優秀獎」。

無盡藏

緬甸大金塔

　　緬甸全國百分之九十五以上的人民都是佛教徒，延續著佛陀時代的教導為生活方式，嚴格的戒律與禪修方式，讓緬甸成為世界上成就最多羅漢的聖地。

富貴金佛
遶境大臺南

「迎富貴金佛‧臺灣祈福」活動，呼籲大眾與人為善，慈悲喜捨，蓄積富貴福報。

今年欣逢靈鷲山佛教教團護法會20周年，靈鷲山佛教教團富貴金佛蒞臨大臺南，與媽祖共同為大臺南的經濟繁榮注入一股力量，為升格直轄市的大臺南帶來富與貴，並以發揚慈悲喜捨的精神，聯合宗教界推動社會公益，廣結善緣、與人為善的好風氣。靈鷲山富貴金佛（象徵貼近人心的遶境佛、行動佛）在泰國即為同名的釋迦牟尼佛，提醒人們「滿足即是富，謙卑即是貴」，富貴裡有謙卑，樂善好施，才能活躍社會，富貴臺灣。

臺南在地宮廟不只是信仰中心，更累積了深厚的歷史文化，與來自泰國的富貴金佛相會，正是宗教、文化融合的展現；心道師父表示，臺南是歷史文化古城，五千年的儒釋道文化，灌溉華人世界，我們應以臺灣做為基礎，臺南做為根源，而富貴金佛遶境，就是文化互動，願佛祖與媽祖慈佑一切，平安一切。

富貴金佛以信仰貼近人心，帶來佛與人們的慈悲相應。

↑ 金佛遶境與在地宮廟互動，心道師父與貴賓於臺南關帝殿前合影。

↖ 由臺南天后宮最有人緣的媽祖陪同金佛一同遶境、踩街，增福添貴。

← 活動圓滿，大家開心地與心道師父合影。

↙ 現場活動充滿吉祥歡樂的氣氛，吸引許多民眾參加。

↓ 金佛遶境——祝福大家在佛祖、媽祖雙保佑下，吉祥滿願。

禪心‧大願‧慈悲力

119

入世是慈悲，出世是智慧，皆在生活裡發生；
入世把慈悲心做好，出世把智慧發出來。

伍月
May

與佛做朋友
尋根之旅

↑「寂光寺」是每年「尋根之旅」的重要聖地，修行加持力十分殊勝。

有關〈心之道～尋根之旅〉是佛學院必修課程「靈鷲學」的校外教學，此次特別和青年學佛活動〈與佛做朋友〉結合，讓哈佛族青年也一起去尋根，體會心道師父當時閉關的那一份寧靜、寂靜修的禪法，以及心道師父的修行願力與悲心。

宜蘭的寂光寺也是靈鷲山的發源地，無論心道師父行至何處、無論靈鷲山教團的志業如何開展，寂光寺都是靈鷲山佛教教團的一個歷史關鍵，是心道師父斷食與修證的聖地，也是心道師父收納第一位剃度弟子的所在，在這裡開啓了禪機問答。

一直到現在，靈鷲山從事華嚴世界、愛與和平地球家這一份愛心的、和平的工作，一步一腳印的開衍出來；若追溯這個源頭——這一股的勇氣、毅力，眼界跟智慧，就是從墳場的因緣而開始的。

在實際見了靈骨塔之後，瞭解到師父為了了悟生死，選擇了這樣的修行方式，使每個人心靈都轉化出一股精進學佛、利益眾生的動力，也更進一步反省自己的修行道心，如何在學佛的道途上成為一個不退轉的菩薩。

心道師父當年在此修行，體會生命更迭，寫下了「諸行無常」等字句。

法師引導「寂靜修」四步驟，微風吹，心靈感受到一份舒服的寧靜。

這是心道師父修行以來第一個屬於自己的閉關修行處所。

禪心・大願・慈悲力

123

心道師父
美國弘法行

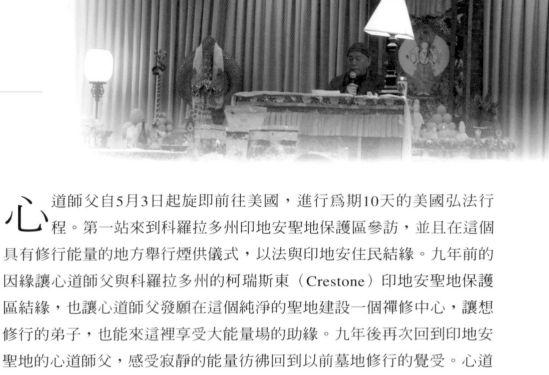

↑心道師父受邀至猶太教Rabbi家中作客，彼此暢談東西方的宗教、文化交流。

心道師父自5月3日起旋即前往美國，進行爲期10天的美國弘法行程。第一站來到科羅拉多州印地安聖地保護區參訪，並且在這個具有修行能量的地方舉行煙供儀式，以法與印地安住民結緣。九年前的因緣讓心道師父與科羅拉多州的柯瑞斯東（Crestone）印地安聖地保護區結緣，也讓心道師父發願在這個純淨的聖地建設一個禪修中心，讓想修行的弟子，也能來這裡享受大能量場的助緣。九年後再次回到印地安聖地的心道師父，感受寂靜的能量彷彿回到以前墓地修行的覺受。心道師父在印地安人用來祭祀的聖壇舉行煙供儀式，供養給這片聖地，也學習印地安住民尊重大自然的心與自然合而爲一的文明，亦是現代世界應重視的環保文化。

5月9日心道師父轉機來到紐約，舉辦觀音薈供法會。上供下施讓眾生歡喜的薈供，使整個修法會場法喜湧現；許久未見到師父的弟子們，難得見到上師親臨，把握機會接受師父的加持祝福，歡欣喜悅的磁場，在修法現場處處展現。

在印地安人祭祀聖壇煙供。

紐約道場普仁獎學金餐會。

在此科州的修行大能量場，心道師父要弟子以禪修安定己心，而在紐約大悲觀音薈供的修法，心道師父更要弟子常常持誦〈大悲咒〉，不但能為自己祈福，更能利益一切的眾生，在這個苦難的末法時代，讓自己平安，更讓世界也平安。

無盡藏

柯瑞斯東（Crestone）印地安聖地保護區在水晶岩層之上，磁場感應力十分強烈，因而成為世界各宗教靈修者的熱門聚集處；心道師父在2000年9月初來此地，便發願在此建立禪修中心。籌建中的禪修中心位於聖山環繞的平原中央，腹地涵蓋一處印地安Hopi族祭祀的聖壇；心道師父曾開示：「印地安原住民將大自然當作母親，視萬物有靈，擁有與自然合為一體的古老智慧，是最珍貴和諧的環保文化，也是真的能長久持續的文明。」

禪心・大願・慈悲力

125

福隆沙雕季
灑淨儀式

↑心道師父為沙雕祥龍「點睛」，歡喜揭開沙雕季序幕。

東北角風景管理處於福隆海水浴場沙灘舉辦「東北角暨宜蘭──海陸FUN心遊」啟動儀式，宣告轄區內各景點海洋遊憩一連串海濱活動正式展開；並特別在「2010年福隆沙雕季」開展前，隆重邀請靈鷲山的法師前來為這片美麗的沙灘灑淨，祈願在大悲甘露水的灑淨加持下，護佑福隆沙灘海域一切平安順遂，讓來到福隆戲水旅遊的民眾能夠快快樂樂的出門、平平安安的回家，活動順利圓滿。

貢寮福隆地區岩岸與沙灘兼而有之，濱海步道與山線步道各具生態與養生休閒功能，在東北角風管處長年的經營規劃下，不受季節影響，全年度有各種主題性的活動季，也逐年吸引了越來越多的人潮玩家走訪；而位於山上的無生道場，除了純樸自然的道場環境之外，也以法會、祭典、禪修、朝山等宗教性活動，安定地方一切有情的心靈，整個大福隆地區，可說是一個由凡入聖、二諦圓融的華嚴示範場。

↑ 大良法師為福隆海域進行灑淨儀式。

→ 祈願在大悲甘露水的灑淨加持下，護佑福隆沙
　灘海域一切平安順遂。

↓ 福氣龍迎賓（作者：王松冠、蔡億訓、陳錦
　桐）。

↑ 福壽綿延，經由法師的手將福氣接
　到每個人的手上，祥瑞安康。

五月浴佛節
系列活動

五月，因母親節及浴佛節，是一個感恩的季節。靈鷲山以八關齋戒、萬佛燈會、華嚴懺法會等一系列戒定慧活動，清淨身語意，回向三寶恩德。

5月8日開始，靈鷲山上便設置莊嚴的浴佛壇城，供來山的信眾浴佛。接著為期兩天的八關齋戒，15日正式啟關，戒子們體會難得的出家生活，藉以長養出世善根，種植出世正因。一天的攝心禁語，專注的拜懺、禪修、朝山，一日一夜在道場中過著結界的清淨出世生活，讓戒子們感受無比的法喜。16日圓滿出關日，戒子以浴佛禮讚佛功德做圓滿的結行。

蘭陽禪堂自14日起，舉行三天的萬佛燈會活動，在萬燈供佛祈福法會中，以萬盞明燈莊嚴佛國淨土，更以〈大悲咒〉共修的清淨法音回向，祈祝世界平安、災難去除。今年已舉辦第四年的萬佛燈會，法會現場總是座無虛席，心道師父也蒞臨蘭陽禪堂為大眾開示：「『燈』象徵心的能量、光明、智慧，代表以智慧光明照破千劫無明，誠心點燈，

↑ 樹林中心舉辦感恩、利他最虔敬的法會——
「華嚴懺暨瑜珈焰口法會」。

↘ 虔心浴佛，願祛除貪、瞋、癡等污垢，讓身、語、意清明潔淨。

↓ 佛腳抱抱好運到，祈求帶著智慧上考場，福慧增長考運棒。

不但能帶來吉祥好運，還能開智慧。一年一度，我們始終在不斷地持誦〈大悲咒〉的蘭陽禪堂舉辦點燈供佛法會，讓大家得到這份功德，照亮我們的心，照亮宜蘭，也照亮一切眾生。」

樹林講堂也是連續四年都舉辦「華嚴懺暨瑜珈焰口法會」，每年在浴佛節與母親節前後，以對華嚴三聖的供養，做最虔敬的感恩；經由法會懺除己過，讓心柔軟謙卑起來，一念善心，牽動六道有情，成就一個發心利他、人人成佛的菩薩集會。

嘉義中心於文殊菩薩誕辰啓建「浴佛暨文殊法會」，諷誦《佛說浴佛經》，已經連續舉辦了三年；在七月份的考季，提供給考生們一個抱佛腳的機會，讓信眾們點燈、獻供，點燃一盞酥油燈，將自己的願望寫在祈福卡上，爲考生們注入一股信心與力量，祈願順利通過考試。

利洋宮安座圓滿佛
靈鷲山殊勝法緣又添一椿

福隆百年觀音廟利洋宮迎請靈鷲山「圓滿佛」禮住，護佑福隆地區居民平安吉祥，爲福隆地方與靈鷲聖山的因緣又添一椿。

建於1830年，位於卯澳漁港邊的利洋宮，主祀觀音佛祖。這裡的居民多以討海爲生，利洋宮之名也源自此一生態，利就是利益，洋就是海底，「利洋」就是指有財富的海。利洋宮以「手提魚籃的觀世音菩薩」，爲獨一無二供奉魚籃觀音而聞名全臺；這說明了觀音法脈深植於福隆地區，以及心道師父在這裡開展華嚴聖山的緣起。

現任利洋宮的主任委員吳文義，因爲擔任村長時與心道師父結緣，感受到心道師父度眾的慈悲願力，也每每在靈鷲山遇到困境問題時，提供幫助與解決。爲了感念吳文義師兄的發心與護持，心道師父以一尊「圓滿佛」與吳師兄結緣，吳師兄將「圓滿佛」供奉在利洋宮，希望來到利洋宮的信眾，也都能得到佛祖的加持。

↖迎請靈鷲山「圓滿佛」禮住，護佑居民平安
　吉祥。

←位於卯澳漁港邊的利洋宮，主祀觀音佛祖，
　已護佑此區居民百餘年。

靈鷲山高屏講堂啓建
《大乘妙法蓮華經》暨瑜伽焰口法會

護法善信們不畏辛勞的堅持，令人感佩。

延續去年三月在高雄所舉辦的「富貴金佛遶境」活動所結下的許多善緣，靈鷲山高屏講堂特別在護法會成立20年之際，啓建佛教中最貴氣福報的法會──「《大乘妙法蓮華經》暨瑜伽焰口法會」，祈祝在此天災頻仍、經濟動盪的時局中，祈福國泰民安、護國佑民、消災弭難、人心富足、皆能身心安定，回歸清淨無染的善心；並爲「高雄軟體科技園區」加持，讓「大高雄特定經貿核心區」成功氛圍匯聚，產業再現新高峰，成功塑造高雄高科技研發、環保產業形象；「瑜伽焰口法會」廣設供品，捐助高雄低收入及弱勢團體，普濟群生。

《大乘妙法蓮華經》又稱爲「經中之王」，「所謂不讀法華，不知佛智慧」，是一部最具智慧與貴氣的經典，揭示人人皆具佛性，皆可成佛，念誦此經可得智慧及福報貴氣。除此之外，並同時舉辦「佛陀舍利」展，祈願藉由舍利子無量時空、不生不滅的功德，薰習眾生恭敬的清淨心，生起無量的智慧福德。

大眾齊誦《大乘妙法蓮華經》，祈祝消災弭難，人人升起菩提心。

在新興的科學園區舉辦法會，接引了許多尚未學佛的新緣。

禪心・大願・慈悲力

國際青年宗教體驗營
體會慈悲與禪

轉經輪──轉出世界和平的希望。

體驗禪修,感受寧靜的力量。

國際扶輪社交換學生計劃已經行之有年,不管是進入臺灣還是到國際上交流的學生,都象徵著全球化的時代,國際間的互動交流已經是密切頻繁,文化間的交流也逐漸打破彼此的隔閡,讓彼此的生命更加開闊。

特別喜歡與青年接觸的心道師父,創建世界宗教博物館之初,發願以宗教家的使命,推動世界和平的教化工作,並將這普世的理念與大家分享,讓彼此和諧共存,共同創造一個愛與和平的世界。心道師父說:「透過文化交流,從一個文化慢慢進入另一個文化,在這個文化當中我們可以去改變自己,學習認識環境、認識文化,然後慢慢的了解這個文化、減少隔閡,最後能夠互相尊重彼此的文化。」

心道師父期許這群優秀的國際青年,能夠一起與靈鷲山做世界宗教交流的工作,以和平演進的方式來維繫地球的共同存在,共同散播和平的種子,除了在生命中留下美好的回憶,更是真正的實踐」愛與和平地球家」的理念。

伍月

←體驗宗教儀式，認識不同的宗教文化。

→發揮創意，小組的分享。

╱心道師父與不同文化的年輕學員們對話，
　猶如一場小型的國際宗教交流。

↓穿上海青、雙手合十，一場特殊的宗教體
　驗就此展開。

禪心・大願・慈悲力

135

093愛地球
活力健康運動園遊會

多年來靈鷲山持續推動「全球寧靜運動」，並以活動發起人心道師父所說的「心和平了，世界就和平了」為原動力，積極推動寧靜運動的九大生活主張。今年正逢靈鷲山護法會成立二十周年，這一群護法菩薩受到心道師父的感召，加入護持佛法的行列，不僅在宗教領域，更在生活中全方位投入去實踐「慈悲與禪」的宗風教義，二十年來相攜互助，對於自己與週遭的人都散播了正面的影響力。

而此次由靈鷲山護法會所承辦的「093愛地球活力健康運動園遊會」，以趣味競賽方式進行，組隊參賽者還可獲得環保袋、寧靜手環等贈品。此運動園遊會仍以「生命奉獻生命，生命覺悟生命」為宗旨，創造社會大眾心靈交流、情緒轉化的場域，期望散播「正面、積極、樂觀」的力量，「讓大家壓力歸『零』，健康開心長長久『久』，回收『三』種廢棄資源，讓地球也健康。」

↑倡導回收手機、電池、光碟片，達到活力健康、地球也健康。
←運動會以趣味競賽方式進行——30人31腳。
↓參加隊伍信心滿滿的進場，接受大眾的歡呼及鼓掌。

↖ 以運動會及園遊會形式，創造一個心靈紓壓的場域。

↗ 獲頒最佳精神獎的參與隊伍。

← 興致高昂的熱情，一點也不輸給年輕人哦！

↑093活力操。 運動會以趣味競賽方式進行。小朋友忘情地跳躍同樂。

禪心・大願・慈悲力

宗教最主要的是博愛每一個生命，包容每一個族群，
這就是宗教美好的呈現，複製愛心創造更美好、愛的社會。

慈悲自在──遇見觀音
特展系列活動

2月14日專題講座林保堯老師為我們娓娓道來從埃及到印度，蓮花的源起及象徵意涵。

世界宗教博物館歷年來的特展內容包含民間信仰、伊斯蘭教書法、藏傳佛教藝術以及基督宗教藝術等，以多元的展覽內容將宗教信仰的「真」、「善」、「美」、「聖」呈現給社會大眾。世界宗教博物館館依不同主題脈絡，結合科技與情境，於2009年11月至2010年6月所推出的《慈悲・自在──遇見觀音》特展，以豐富多元的文物呈現，與動靜兼具的展示說明，帶領觀眾輕鬆認識觀音的信仰內涵與造型藝術。

特展以具體的漢傳觀音造像作為引導，讓觀眾進入無形的信仰領域，展示手法則以解構觀音來源、身世、造像以及性別等主題為啟發，一方面讓觀眾從此獲得理性上的知識內涵：觀音的名稱、由來、辨識方式以及手勢、持物的象徵意義等，進而了解其信仰發展與特質；另一方面則藉著歷代觀音造像所散發的藝術美感與神聖感，引領觀眾進入與世隔絕的境域氛圍，在現今生活步調緊湊之時，或能得片刻寧靜，也期望帶給人們直達心靈深處的感動與感應。

←3月14日「神通廣
大百變觀音生活美
學系列活動」——
歡喜畫佛工作坊。

　　自特展開展以來，備受各界好評，爲了讓更多人從不同的藝術層面體驗觀音百變之美，特別規畫各項精彩多元的講座與工作坊：「《慈悲‧自在——遇見觀音》特展教育活動」、「《神通廣大》百變觀音生活美學系列活動」及「樂活觀音媽」等活動，讓民眾品味觀音文化的豐美饗宴。

　　2010年6月14日舟山市及普陀山風景名勝區管委會於「普陀山千人宴」上，與世界宗教博物館簽署文化交流合作協議，引進世界宗教博物館館的觀音特展介紹給廣大的內地觀眾、信眾，讓更多人了解臺灣特有的觀音文化，促進兩岸展開更深刻而美好的互動；爲兩岸觀音文化、藝術交流開啓了友好互動的第一步，也肯定了世界宗教博物館館創館以來，持續推出精緻展覽的用心。

禪心‧大願‧慈悲力

143

↑5月9日溫馨五月樂活觀音媽──親子創
意工作坊。

↖4月11日吳文成老師專題講座──「佛
造像藝術賞析」。

←3月28日「供花藝趣」生活花藝工作
坊，看著大家的作品，是不是都很美麗
呢！

4月18日「觀音聽舞」身聲動能工作坊，讓身體吟唱、與自己共舞。

佛頂骨舍利
南京重光聖典

「亂世藏佛，盛世現佛」，此次佛頂骨重現人世，是中國佛教界最大盛事之一。

世界現存唯一的佛頂真骨舍利，千年後重現人間，可說是輝映近代中國佛教及精神文明復興的重要契機。根據史料記載，佛頂真骨舍利為北宋年間印度來華高僧施護所獻，施護是印度來華的譯經僧，世稱顯教大師，是北宋初年三大高僧之一。在棲霞寺這場難得一見的兩岸盛會中，由南京博物館迎奉前年南京大報恩寺遺址挖掘出宋代長干寺地宮佛頂骨舍利的金棺銀槨，至棲霞寺方丈樓供奉，將展示一個月供眾瞻禮。在海內外108位重量級的高僧大德見證下，中國佛教協會會長傳印法師主持重光迎奉法會，心道師父應邀參與佛頂骨重光盛典，與兩岸四地高僧長老齊聚一堂，舍利重光的意義在啟發人心對佛法起信。

末法時代，佛教總是發揮很大的救援及安定的力量，近年來全球災變頻仍，多半歸因於人類對地球的過度開發濫用，在經歷多次世界性災變之後，人們開始反思與自然生態的共存關係，而佛教所提倡的「自然和諧、素樸儉約」正是現代物質文明所需的一帖良藥。

↑ 心道師父巧遇好友松純長老。

↖ 星雲大師與心道師父師徒共同出席兩岸
佛教盛事。

← 祈願佛頂骨重光讓兩岸民眾都能接受佛
陀慈悲的加持。

禪心‧大願‧慈悲力

臺北大悲觀音
傳承祈福法會

依靠著上師的加持，臺北講堂的護法們同心協力圓滿法會。

↑ 大康法師帶領大眾共修觀音薈供。

靈鷲山臺北講堂於劍潭青年活動中心啟建「大悲觀音傳承祈福法會」，恭請大康法師主持法會並帶領信眾共修觀音薈供。靈鷲山「觀音薈供」自2001年首度啟建以來，便由心道師父主法。此次因師父前往南京參加佛陀頂髻舍利重光法會，未能親臨主法；然而臺北講堂幹部志工們，仍眾志成城，善緣匯聚成就無窮的願力，通過師父給予大眾的考驗，圓滿這場殊勝法會。晚間趕回臺參加晚宴的心道師父，連聲讚嘆臺北講堂的團結與願力，期許大家未來在菩薩道上更要一同努力，讓世界更美好。

薈供又稱薈供輪，所謂「薈」字有三方面的含義：一、男女瑜伽行者聚集在一起修法；二、把上師、本尊、空行、護法祈請至壇城集會；三、召集山神、土地、鬼神、六道父母有情、冤親債主到壇城集會。陳設供品一起上供諸佛菩薩，下施六道眾生，稱之為「供」。薈供是快速積聚福慧資糧的殊勝修法。有大成就者說過：「如果這輩子你能趕上一次殊勝的薈供，那下輩子你的吃穿將不會有任何問題。」當然，薈供的

↑ 法會現場以藏密壇城莊嚴，大眾共同修法的磁場，形成一道悲心化現的祥和力量。

↗ 與師有約聯誼餐會。

→ 只要虔誠的供養就能與佛菩薩相應，產生共振、共鳴的喜悅。

殊勝功德不僅僅在於吃穿。薈供是具足四種事業——「息災、增益、懷攝、降伏」的殊勝修法，能讓受用圓滿——障礙消除、智慧增長、福德增長、人緣增長。

　　薈供濃厚的藏密壇城場佈，讓進入法會現場的信眾嘆為觀止，現場座無虛席，信眾們跟著藏密法音的梵唄唱誦彷彿進入觀音菩薩的願力世界中，大眾共同修法的眾善磁場，也形成一道悲心化現的力量，帶給自己祥和，也讓世界祥和。

禪心・大願・慈悲力

行禪——原來走路也可以那麼心無旁騖，專注在一步一動之間。

哈佛族雲水禪

深受年輕人喜愛的「哈佛族雲水禪」是靈鷲山三乘佛學院為了滿足現代年輕人對生命的探求及對佛法的好奇所舉辦的佛學暨禪修課程。在兩天一夜的山海生活中，特別安排了【專題課程】、【靈山尋寶】、【與法有約】、【靈山禪鼓】、【佛門行儀基本入門】、【我們的禪師】、【寂靜修四步驟教學】等課程，以輕鬆活潑的方式結合靈鷲山的山海風景，讓初接觸佛法的青年朋友能快樂學習佛法、愛上禪修。

除了從基礎的佛門規範、佛學知識之外，學子們在活動的過程中，在在處處都可以感受

↑ 觀音書籤——心道師父的法語，解決了我的迷惑。

到佛法的滋潤，猶如心道師父期勉初學佛的青年學子們：「基礎的行儀、吃飯的規矩，問訊啊、拜佛的方式啊、尊敬三寶啊，拜山懺悔、消業障，大家慢慢從這基礎的學，慢慢你們更能夠深入，一開始都是這樣子。從義工的身上，我們可以看到一些學習；從法師身上，我們也可以學習一點東西；然後看到這些山上種種，我們都可以看到一些學習的地方，那讓大家能夠回去帶給大家一些養分。」

青年學子們在此學習「慈悲與禪」的宗風——以禪修來守護心靈，用慈悲來讓一切眾生離苦。在這兩天一夜中，青年學子們找回自己、與佛真心相遇，並將這份生命中快樂的美好能量帶回去給週遭每個人，共同享用佛法的心靈甘露，走入正面、積極的生活。

梯次	日期時間
第一梯	99/ 6/12（六）～ 6/13（日）
第二梯	99/ 7/10（六）～ 7/11（日）
第三梯	99/ 8/21（六）～ 8/22（日）
第四梯	99/10/ 9（六）～ 10/10（日）
第五梯	99/11/13（六）～11/14（日）
第六梯	99/12/18（六）～12/19（日）

↑ 我們在這裡，享受安靜的山海呼吸，聆聽蟲鳴鳥叫的自然悅
　音！

↗ 與法有約～修行心分享

→ 原本以為佛法是很深或枯燥的，經過這堂課才深深了解，原
　來生活中的點點滴滴都是佛法。

在開山聖殿坐禪的體驗，是很難得的機會。

陸月

禪心・大願・慈悲力

153

臺東三仙臺
公益超度法會

臺東三仙臺啓建「圓滿施食超度法會」，為臺灣及地球消災、祈求吉祥平安。

心道師父有感於災難頻傳的今日，多是起於人心的貪瞋癡造作，因此在臺東信眾的安排下，來到臺東觀光勝地三仙臺為臺灣祈福，以超度法會安靈息災，也祈求世界平安，無災無難。

有「臺灣最後一塊淨土」之稱的臺東，保存了最原始的自然景緻，雄偉壯闊的海岸山脈，山頂上雲煙裊裊恰似一條白龍磻踞。山，是原住民崇敬的對象，也是古老祖靈的安棲之地，原住民在臺東為大自然做最好的保護，也因此讓臺東成為最具潛力的觀光勝地。

位於地震帶上的臺東，當地居民笑稱臺東一日無地震便是奇事，修法當天早上一陣微微地搖，印證了此一說法。

法會上午修持《觀音菩薩普門品》及持誦〈大悲咒〉，下午則進

行圓滿施食超度，上業菩提成就，下業超度有情，在大悲觀世音的法門中，長養菩提心同體大悲，為臺灣人民做最深的祈請。

　　心道師父期勉現場的信眾，「法會是自利利他，我們生生世世都要耕耘善業，行善不結惡緣，一切的成功都要靠善緣，大家跟著佛陀就是善業、發菩提心，發菩提心就是願成佛度眾生。今天在這裡做法會，就是希望能消弭因為地震而起的傷害，大家一起成就這個善緣善業，也是一大功德，希望大家在佛法上能夠多精進，把握生命，修持菩提道。」

無盡藏

　　有感於社會問題叢生，人心動盪、族群對立、生命意義的根本迷失，「心」的不安寧，為人類社會投下了許多前所未有的威脅變數，靈鷲山「心靈白皮書計劃」自2004年啓動，建立了對話的平臺，重振生命核心價值，找回社會的安全感。這份長期性的關注，為社會提供了一個長期觀測心靈、探討生命與世界問題，進而反省反思、試圖找出解決方案的建設性平臺。

　　2009年特別將2008年「心靈白皮書」的調查結果，選在步調舒緩的慢活花東做報告；以靈鷲山佛教教團已經具體在做的關懷行動──「寧靜運動」作為延伸，創造一種生活型態：推動學校、社區、職場不同族群的生命感應，以及社會的信任工程，與寧靜聚落的形成。而臺東花蓮所擁有的寧靜與自然，是未來寧靜造鎮的首選，也是寧靜療癒的最佳場域；讓這裡自然而寧靜的生活，照亮心靈的歸處、淨化心靈。

禪心‧大願‧慈悲力

靈鷲山無生道場第六度榮獲
臺北縣「社會教化獎」績優表揚

↑ 以嘉惠世人為出發點,靈鷲山無生道場第
六度榮獲臺北縣「社會教化獎」表揚。

臺北縣政府為提倡社會善良風俗,舉辦「98年度興辦公益慈善及社會教化績優宗教團體表揚大會」頒獎典禮,發揚大愛公益精神,今年共頒發48個公益善獎及32個社會教化獎項,鼓勵宗教團體辦理慈善事業。今年靈鷲山無生道場獲頒「社會教化」獎,由靈鷲山社會慈善基金會秘書長妙用法師代表出席領獎。

靈鷲山佛教教團以「慈悲與禪」為宗風,推廣正信佛教為志,舉辦各類法會、活動及講座。以禪的攝心觀照為本,以教育弘化為主軸,致力守護人類心靈,以推動宗教共存共榮,發揚「愛與和平」生命價值。開山廿七年來,大力推動生活禪修活動、九大生活主張之全球寧靜運動,並積極配合政府推行的生命教育,在公益教化、社會服務及倫理德善的宣揚上耕耘付出,已經連續六年獲得「社會教化」獎這項殊榮,無疑是對靈鷲山佛教團體最好的肯定及鼓勵。

↑ 由臺北縣長周錫瑋先生頒獎，靈鷲山社會慈善基金會秘書長妙用法師代表領獎。

靈鷲山
開山27週年慶

心道師父25歲出家，斷食閉關結束後開關無生道場。以「觀音成道日」爲大殿開光日，相應於心道師父15歲初聞觀音聖號悲欣交集的夙緣；創建以來一直以〈大悲咒〉爲日修功用，這份「千處祈求千處現，苦海常作度人舟」的大悲行願，將開山精神顯化無遺。因此「大悲傳承」就成爲開山週年慶的精神主軸，「慈悲與禪」即爲靈鷲山宗風，開啓弘法度眾之門。靈鷲山27周年慶，也是第二屆宗風典範表揚大會，爲紀念此開山精神，每年週年慶皆恭請心道師父主持大悲傳法，並表揚「大悲行者」──持誦〈大悲咒〉十萬次圓滿、「朝山力士」──朝山108次、「生活禪者」──每日至少三次九分鐘平安禪，每年至少圓滿禪修330天；今年共四十八位精進菩薩接受表揚。

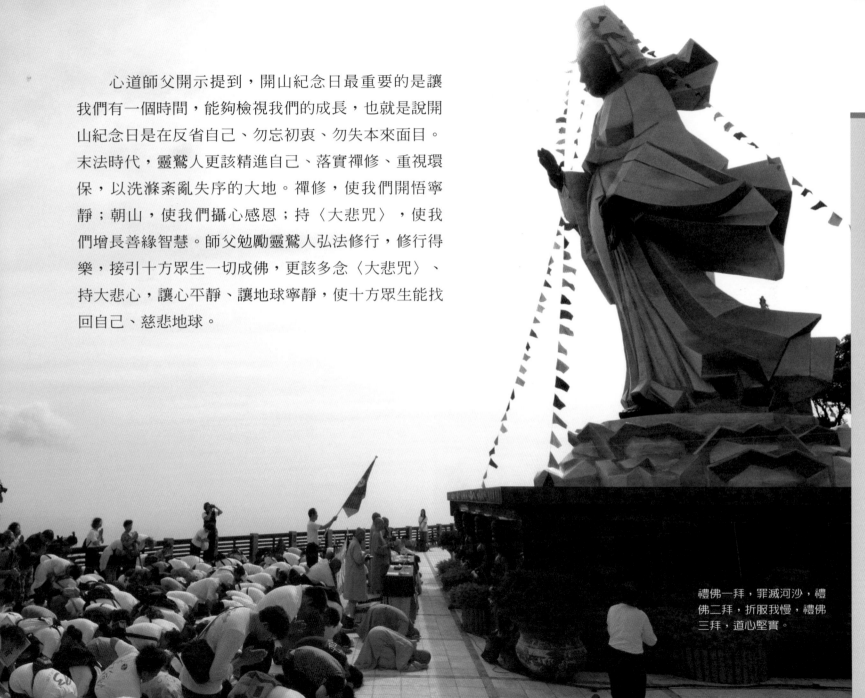

心道師父開示提到，開山紀念日最重要的是讓我們有一個時間，能夠檢視我們的成長，也就是說開山紀念日是在反省自己、勿忘初衷、勿失本來面目。末法時代，靈鷲人更該精進自己、落實禪修、重視環保，以洗滌紊亂失序的大地。禪修，使我們開悟寧靜；朝山，使我們攝心感恩；持〈大悲咒〉，使我們增長善緣智慧。師父勉勵靈鷲人弘法修行，修行得樂，接引十方眾生一切成佛，更該多念〈大悲咒〉、持大悲心，讓心平靜、讓地球寧靜，使十方眾生能找回自己、慈悲地球。

禮佛一拜，罪滅河沙，禮佛二拜，折服我慢，禮佛三拜，道心堅實。

禪心・大願・慈悲力

159

↑ 法師於法華洞前為回山朝禮的民眾淨身。

↘ 心道師父表揚宗風典範。唯有把握當下、服務大眾,才是培福積德的正途。

← 靈鷲山開山27周年慶由千人大朝山揭開序幕,會中共修十萬〈大悲咒〉祈福。

↘ 讓身心平靜下來,寧靜的力量使我們的智慧顯露原貌。

完成朝山之道無它，就是堅持、踏實，自然法喜殊勝。

靈鷲山泰國講堂
地藏暨焰口施食法會

經云：「世間無常，國土危脆」，地球環境的丕變、社會政局的不安，造成人心的浮動不安。靈鷲山為了療慰眾生的心，也為泰國各地消災祈福。6月20日，靈鷲山27周年慶的這一天，靈鷲山泰國講堂特別舉辦地藏法會，並首度舉行瑜伽焰口施食普度眾生，而此次法會普度的供品皆由泰國善信發心護持；法會圓滿後，靈鷲山泰國講堂特別將這次所有普度供品，全數捐助給安通省抹哇啦底寺，由吾梯搭麼通法師所收養的200多位孤兒，以資助這些無依的兒童日常所需之食品，中華民國駐泰代表烏元彥大使及其夫人黃鴻端女士得知靈鷲山泰國講堂進行這項愛心義舉，也發心捐助食品讓這場冥陽兩利的活動更加圓滿殊勝，讓善信們的每一份善心透過大眾的集合的力量傳達到最需要的地方。

大眾跟隨梵唄法音專注一心的持誦，與諸佛菩薩感應道交。

無盡藏

隨著心道師父在全世界的巡迴弘法，以及國際會議的參與舉辦，匯聚無數學佛大眾的信心，歷經多年的努力與僑界人士的鼎力相助，2003年1月29日，靈鷲山在泰國終於擁有了自己的講堂。講堂開光典禮盛大展開，心道師父親臨主持，講堂的成立，讓泰國僑民有一處心靈庇護所，讓更多的善知識能由講堂散播出去。

　　講堂每月定期舉辦法會聖典，讓佛子收攝心神、祈福消災；禪是靈鷲山宗風所在，固定的禪修活動是講堂核心課程，讓身心緊張的社會菁英、企業人士，得有抒解身心的場域，也讓一般大眾瞭解心道師父提倡回歸佛陀本懷「三乘合一」的精神，更期許這裡的清淨能量，能接引更多現代有緣人前來學佛，體會佛化人生的真善美。

三乘佛學院
初修部結業式

調伏己心而非調伏外境，心順則境順，調心
則如意。（心道師父法語）

靈鷲山三乘佛學院舉辦學生結業式聯誼茶會，會中邀請院長心道師父與同學們分享感言，心道師父勉勵學生們：「生活如實就是佛法，生活上點點滴滴的感受就是智慧，什麼是智慧？就是生活中的感恩。因為眾生是讓我們成就一切的資糧，佛的資糧也就是眾生，從菩薩道到成佛，是以眾生為對象的，聽到大家今天都能夠懷著感恩的心，這就是教育的成功。」

學生們分享兩年來在佛學院學習佛法的心得，從生活中體驗佛法，轉化煩惱，讓自己更豐富，就是所謂的「生活即修行，工作即福田」。從學生們的分享中，可以看出經過兩年在團體中的學習，轉變、成長了許多。

心道師父最後勉勵大家：「從學院畢業之後，未來不論在家或出家，期望大家都能夠繼往開來，發揮佛法的效益跟效果；不論任何場合，最重要的是要有佛法，這也就是我們的生命。有了佛法的生命才能夠有好的生活、好的智慧、有大的善業爆炸力。」

↑ 心道師父祝大家在實習中喜悅、無礙，自淨其意地服務與奉獻。

← 學佛讓人擁有無盡藏、源源不絕的力量，讓自己更豐富，更懂得感恩。

禪心‧大願‧慈悲力

165

第十二場回佛對談
印度拉達克

以尊重與對話為基礎開始，在彼此之間產生能量，衝突也將轉為信任。

↓ 心道師父所推動的宗教對話獲得許多信任，以及各宗教的認同與支持。

在全球化的時代，人類彼此的生活已經結合成一個共同體，相互影響；然而，全球化的發展雖然造就了多采多姿的生活，但是全球各地產生的負面能量，像是因為政治、經濟、民族諸多因素產生的衝突戰亂，都無可避免地影響著地球上每一個居民的生活，也混亂了我們的心。面對所有這些不安、徬徨，我們要如何才能心安？心道師父曾經說過，要創造一塊心靈的淨土，需要宗教的理念做為支撐，而不管是哪一個宗教，對「愛與和平」的追求，都是我們共同的渴望。「世界宗教博物館」的籌建與跨宗教的對談便是基於這樣的理想產生的。

今年的「回佛對談」，也是第十二場，在大菩提國際禪修中心（Mahabodhi International Meditation Centre）桑卡西納尊者（Ven. Sanghasena Mahathera）的邀請下，選擇在6月28日～7月1日到達北印度山城秘境拉達克舉行，三天內探討「暴力——衝突解決的宗教資源」主

題，分別就「回佛關係之古今面向」、「全球和平之回佛願景」以及「我們在當今世界的任務與挑戰」為題進行討論，成果豐碩。與會重要貴賓包括德國慕尼黑大學的Michael von Brueck教授、馬來西亞正義運動聯盟的Chandra Muzaffar教授、美國柏金斯神學院的Ruben L.F. Habito教授等來自全球的宗教代表、學者專家，都專程前來共襄盛舉。

2010年這第十二場的回佛對談，特地選在印度北方的拉達克區舉辦，其中很重要的原因就是希望能將這樣跨宗教對話的思維與交流模式，帶回到印度這個多元宗教的融合地區，唯有透過不斷的對話與了解，才能開啟人心中那扇和平的大門。心道師父說：「世界因差異而存在，因相同而和諧」，我們應該透過宗教的影響力，讓人們意識到唯有從『心』出發，用愛心來交流與對話，增進彼此的認識與友誼，才能共創存在的價值，和諧共生，這也才是化解衝突的根本之道。期待宗教的豐美果實能夠在印度這塊充滿靈性與智慧的聖地，為人們帶來愛與和平的希望與力量。

↑ 嘉旺竹巴法王是拉達克最重量級的尊主，盛讚此次回佛對談意義非凡。

← 心道師父將盡全力協助桑卡西納尊者的教育計畫，
讓這些小菩薩有更多精進佛法的機會。

↙ 只有願意伸出友誼的雙手，看到彼此的價值，才能
真正分享智慧、共謀和平。

無 盡 藏

　　Moulana Umair Ahmed Ilyasi（全
印伊瑪目與清真寺組織主席）為心道
師父綁上象徵尊貴地位的頭巾，並允
諾在未來將全力支持靈鷲山的國際交
流活動。

這樣難得的對談,將在這些學子心中
埋下善種子,讓對話長久持續下去。

用彼此優美的宗教傳統來進行交流,
和諧內心、和諧拉達克、和諧世界。

無盡藏

　　大菩提國際禪修中心(Mahabodhi International
Meditation Centre,簡稱MIMC),是這次回佛對
談的主要協辦單位,創辦人暨會長桑卡西納長老在
2006年因為參與世界佛教論壇的機緣,結識了心道
師父,並在同年十月份參與了於北京舉辦的第八場
的回佛對談結束後,力邀心道師父至拉達克舉辦回
佛對談。歷經了多年的規劃與籌備,終於在2010年
促成了這一場於世界屋脊的回佛盛會。

拉達克回佛對談
開幕演講

↑ 心道師父表示，宗教的大愛精神可幫助我
　們消弭對立、樂於與他人交流。

Sanghasena（桑卡西納尊者）、所有與會貴賓大家好！扎西德列！

很高興在這裡見到大家，相信我們之間具有十分殊勝的因緣，聚集在這個殊勝的地方——拉達克，這眞是個聖地，不但清靜、輕安而且神聖。

此時，我們共同以無比的熱情，來關愛這個世界，並且把這份關心帶到這裡，希望今天的對談，能爲世界上飽受宗教衝突之苦的地方，帶來靈性的滋養，與宗教和諧的喜悅；也能面對當今文明世界的挑戰。

我們看到全世界各地，長期以來都瀰漫在不同宗教和族群之間的衝突，例如，西方社會世界長期潛存著的反猶太情結，在印度的印度教和伊斯蘭教的矛盾衝突，在西藏和新疆地區不同民族間的長期磨擦，在非洲某些地區甚至發生近似種族清洗的屠殺事件，乃至於因爲利慾薰心而在全球各地發生無數的「血鑽石」（Blood Diamond）事

件，眾多寶貴生命都因此而消失於這個世界上。

　　當今世界衝突的根源在於心。正如佛教經典《維摩經》所說：「心雜染故，有情雜染；心清淨故，有情清淨。」心，是產生一切善惡的根本。那麼，如何從根本之處，導正受慾望矇蔽的心，讓所有種族、宗教、性別的人，得以在共有且唯一的地球上和諧共生，共享存在價值與喜悅，是我們所應共同努力的地方。

　　世界因差異而存在，因同而和諧，而生命就是我們最根本的同，雖然我們擁有各自的傳統，然而當災難發生時，絕不會因為你我的信仰不同，而不伸出救援的手，因為生命的價值遠超越一切。

　　交流、對話是我們尋求生命共同價值的方法，在交流對話中增進友誼，並且獲得彼此的信任；不信任讓人在猜忌、懷疑中武裝自己，活在對立、緊張的氣氛當中。對話就是要轉化如此的不信任，在信任的基礎上，用愛恢復所有存在物的本性，共同綻放在愛的地球家。

　　為了生命的和諧共生、為了愛與和平地球家的建立，我與弟子們不斷參訪、拜會其他宗教團體，推動宗教對話，用行動弭平鴻溝，建立彼此的信任與友誼，也獲得各宗教的認同與支持；例如世界宗教博物館開館時，伊斯蘭世界的朋友，將天幕送給世界宗教博物館館，作為伊斯蘭文明的展覽物，這不僅是世界宗教博物館館的榮耀，更是彼此信任的表達。

　　拉達克當地也該如此，不論是阿拉的旨意或因緣的和合，各宗教都是既存的事實，多元宗教文化的存在，讓這片土地上的居民生活得更精采；

這片土地上的同胞，更應該相互合作，共生共榮，一起面對生活中的歡欣與挑戰。

今天我們生存的世界，除了面對傳統的人與人之間的衝突之外，還面對人與自然的衝突。我們不斷的破壞地球、傷害地球，事實上也就是對地球的一場暴力的展現，而這種暴力造成了大自然的反撲，溫室效益、氣候變遷、地球暖化等現象，都讓這種暴力展現的最終苦果還是回到我們自己頭上。

因此，當我們在談論如何善用宗教資源來消弭暴力的同時，我們更應該團結合作，通過宗教的影響力，讓人們意識到，如何從心出發，與自然、地球做出交流和對話，體驗寧靜的真諦，讓我們不再因為自己的私欲、貪婪而無止盡的對地球施予暴力；同時也化解我們對地球施展暴力所遺留的苦果。

祈願在場的每位貴賓，用愛心來交流與對話，增進彼此的認識與友誼，共創存在的價值，和諧共生在這片土地上。就如同此次大會的主題，用彼此優美的宗教傳統來進行交流、和諧內心、和諧拉達克、和諧世界、和諧我們的地球。

祝福與感恩！

禪心・大願・慈悲力

173

大雨托兒所
耶漂敦村嗷始圍分院動土典禮

孩子與老師們興奮的等待著我們的到來。

今年耶漂敦村的嗷始圍大雨托兒所分院，終於有了新的校舍用地。由於當地的村長不忍孩子們在簡陋的環境中學習、長大，於是慷慨的捐贈了學校旁邊的地，提供給大雨托兒所重建新的校舍。動土典禮在莊嚴的儀式當中欣喜地進行，孩子們手舞足蹈歡慶這個令人感恩的時刻。所有人默禱著，祈願未來這群孩子能在一個安全、乾淨的校舍中學習成長，這也是大人們唯一的願望。

2004年，在「聯合國兒童基金會」的白皮書調查協助下，靈鷲山GFLP著手草創緬甸「大雨計畫」；2006年6月，靈鷲山GFLP緬甸計畫與聯合國兒童基金會決定在果目鎮欣羌村開辦第一所「大雨托兒所」。

「大雨托兒所」所示範的是一種合作與互助的模式：社區寺廟提供土地，而經費與人員訓練則由GFLP負責，另外還結合了社區義工使用當地材料搭建草寮當做教室，製作遊樂器材，不僅便宜、環保，也表現對當地社會人文的尊重。社區居民都樂意貢獻技術、知識與服務，村裡的保健單位也前來贊助，定期幫幼童做健康檢查。

父母們與整個社區的積極參與，也都是必要元素。當地管理委員會貢獻了知識、技能與經驗，為深入社區鏈接提供了極好的效果，是執行成果的關鍵核心。父母們則以會議等各種形式參與了計畫的制定，討論他們所承擔的責任，分享見解。

唯有滿足社區的需求，才能成就計畫的品質。這樣的辦校模式，受到當地社區的認同，國內外相關組織團體和大使館都前來拜訪觀摩，因此在2007年分別在瓦布勞道村的卡多蜜、耶漂敦村的嗷始圍又成立了第二與第三個「大雨托兒所」；不需要昂貴的經費，只要大家同心協力，就可以做到很好的學前教育。

為了更多其他孩子的未來，今年耶漂敦村的嗷始圍分院新的學校校舍有了新的校地，希望透過大雨托兒所的模式，能讓附近村莊更多小朋友受惠；期待未來能將計畫推廣到更多緬甸農村。

↑ 大雨的孩子在丁媽媽及小老師的細心阿護下，不僅長高、長壯了，也學會寫字、算數和說故事。

↘ 6月27日嗷始圍分院舉行動土典禮，預計一年後完工。

佛國種子
獎助學金頒獎典禮

在6月27日的夏季，GFLP在緬甸滾良光鎮舉辦了「佛國種子獎助學金」頒獎典禮，嘉惠9所小學、2所高中，共280位小朋友，以及滾良光當地6所僧院共50位小沙彌。

心道師父一直努力為亟需資助的區域灌注希望，並以此作為弘法的一環。2004年佛國種子獎助學金以GFLP身分，創辦了收容與教育貧苦孤兒學佛機構，提供貧苦孤兒受教育的機會，以及吃住醫療等基本生活條件，希望孩子們能夠在教育中自立起來，在佛學課程的培育下，淨化靈性，成為世界和平的使者。

獎助學金計畫以關懷社會發展的精神，進入社區等偏遠聚落，受到一向對外封閉的社會罕見的認同。2004年6月底，GFLP首度透過「獎助學金計畫」，以偏遠5個行政區29個寺廟興辦的僧學校為對象，每個學校都由當地賢達與公正人士組成自發性的監察小組，直接

從2004年開辦的佛國種子獎學金，幫助了無數的孩子們有機會繼續上學。

資助國小、國中成績優異孤兒、沙彌等弱勢學童。

　　佛國種子計劃的獎助學金，目的在於提升教育品質，除了獎助學金之外，還能夠輔導他們的家人增進職業技能，並提供免費的基本醫療及教師在職訓練和薪水補貼，讓佛國種子獎助學金計畫的善心根基能夠更加穩固。隨著近年來不斷進行計畫的監督與修正，GFLP提供各縣市、各僧學院有心的教育工作者，開放各界更多參與的機會。

佛國種子獎學金捐助的對象有孤兒、貧童和沙彌。

佛國種子獎學金是靈鷲山GFLP在緬甸的長期計畫之一。

禪心・大願・慈悲力

所謂「慈心」就是一種喜悅的心情；
「慈心觀」就是給予眾生快樂、幫助，因為眾生的快樂就是自己的快樂。

柒月
July

世界宗教博物館
參訪紀實 Ⅲ

↑ 8月13日蒙古國會秘書長Mr. Sharavdorj Tserenkhuu 參訪世界宗教博物館，在江韶瑩館長的陪同下，仔細專研佛教的區塊。

以「尊重每一個信仰、包容每一個族群、博愛每一個生命」爲宗的世界宗教博物館，兼具宗教藝術之美及人文研究成果，履獲國際讚譽，吸引許多國際人士慕名而來。

三十多位俄羅斯聖彼得堡大學修習哲學的學生，於7月1日參訪世界宗教博物館。學生們在參觀完世界宗教博物館後，感到非常不可思議，世界宗教博物館除了應用現代科技技術來展示古老的宗教，整體的設計也讓參訪者在參觀過程中，沒有負擔地接受到各宗教對生命的禮讚與神聖意涵。不覺中，這一趟世界宗教博物館之旅，已經爲學生們洗滌了長時間飛行的辛勞。

7月21日美國海外記者俱樂部基金會總裁Mr. William Holstein夫婦前來世界宗教博物館參觀《祖靈的國度》原住民信仰文化特展。他們對展覽策劃的用心相當嘉許，並建議世界宗教博物館將《祖靈的國度——原住民信仰文化特展》推向美國，甚至到全球各地做巡迴展示，讓更多人了解臺灣原住民獨特的信仰精神及山海智慧。

9月7日首屆「華嚴全球化論壇」來自各界多國的與會貴賓三十多人造訪世界宗教博物館，進行愛與和平的生命之旅。華嚴全球論壇的學術委員會主席賴賢宗教授提到，世界宗教博物館致力於推動各宗教間的對話及溝通，正是一種華嚴精神的呈現，跟這次華嚴論壇的主題包含生態、倫理、環保及解脫智慧等議題不謀而合，以此為基礎，更加強世界宗教博物館跟華嚴論壇的交流。

9月14日中南美洲多明尼加第一大報「立思鼎日報」（Listin Diario）副總編輯Mr. Javier Gustavo Valdivia Olaechea、尼加拉瓜第一大報「新聞報」（La Prensa）女性藝文副刊（Nosotras）主編Ms. Maria Haydee Martinez、薩爾瓦多「新聞報」（La Prensa Grafica）記者Ms. Mercedes Moreno Caceres、宏都拉斯「論壇報」（La Tribuna）記者Ms. Ana Flores等一行人，專程參訪世界宗教博物館參觀。立思鼎日報副總編輯接受訪問表示，世界宗教博物館展示匯聚了所有宗教最基本的元素，不但具有教育意義，也為世人帶來身心靈的充實，對人類有很大的貢獻。他回國後將向多明尼加人民介紹臺灣有一處集合了世界上各宗教的重要理念與精神的博物館，非常值得一看。

9月7日來自全球各地的「華嚴全球論壇」成員參訪世界宗教博物館。

9月14日中南美洲藝文記者參觀世界宗教博物館。

祖靈的國度
原住民信仰文化特展

世界宗教博物館2010年度《祖靈的國度——原住民信仰文化特展》於7月7日開展，以原住民信仰文化為主題，呈現各族的神靈世界。臺灣的原住民族約有49萬人，各族群擁有自己的文化特色、社會組織、語言、飲食、服飾、工藝、歌舞等，是臺灣獨一無二的美麗瑰寶和文化資產，也是近三億人的南島語族（the Austronesian）的祖源地。世界宗教博物館館希望透過展示及系列的特展活動，讓大眾更能深入了解，從而尊重臺灣原住民傳統；就如同世界宗教博物館的創館理念「尊重・包容・博愛」一樣，從理解起步，漸次達成「愛與和平」的全球願景。

本次特展邀請到泰雅族藝術家——米路・哈勇，以色彩明亮的手繪壁畫統合空間氛圍，搭配攝影圖像、情境裝置、環場音樂與各種互動設備，呈現「自然崇拜」、「祖靈與惡靈」、「巫師」、「歲時祭儀」、「生命禮俗」等五個主題，營造一個豐富生動的展覽場域。從精靈、巫師、老房子；歌聲、舞蹈、豐年祭中，體驗生命的禮讚與信仰的力道。

由公主、獵人、小勇士；編簍、織布、拼板舟裡，感受部落的傳承與藝術的菁華。走出主展區，觀眾可以一邊欣賞美麗的神話傳說壁畫，一邊觀賞阿里山鄒族的宗教建築——庫巴（Kuba）等比例模型，以及「跨越與連結——臺灣與南島文化」國際攝影展。

　　展覽期間舉辦「原創品味」及「秋季樂原」教育推廣活動，包括各種樂舞表演、講座、夏令營、親子同樂會、電影座談會以及藝術家工作坊等，讓大家體驗原住民傳統信仰與文化中，「自然」與「生命」的相處之道。

無盡藏

　　庫巴不但是鄒族「男子的集會所」，也是技能訓練與歷史傳述的大教室，更是決定部落重大事件及舉辦祭典的地方，是鄒族的政治、信仰與文化活動的中心。

鄒族長老高德生為《祖靈的國度》開展致詞。

沍韶堂館長穿上原住民服裝,為來賓解說、導覽。

2010年《祖靈的國度──原住民信仰文化特展》教育活動

活動系列	主題	活動內容	活動日期
原創品味	原住民生活體驗一日遊(泰雅伊納'S DIY 風味餐+原聲樂舞大FUN)	部落孩子的快樂兒童餐──香蕉糕(阿多仔限定場)	7/11(日)
		獵人爸爸的傳統便當──竹筒飯(歡樂親子場)	8/8(日)
	原住民文化專題講座	祖靈、巫師與自然崇拜 主講者:阮昌銳/國立臺北藝術大學教授	7/18(日)
		歲時祭儀與生命禮俗 主講者:劉還月/原住民文史工作者	9/5(日)
	跨越傳統、聆聽世界	夏日豎笛音樂會──世界各國傳統民族歌謠 演出團體:向日葵豎笛重奏團	7/31(六)
	「公主、獵人、小勇士」兒童親子夏令營	【第一梯次】巫師密室大探險+彩繪圖騰環保袋	7/25(日)
		【第二梯次】用科學玩創意──原住民童玩DIY	8/1(日)
		【第三梯次】貓頭鷹軟陶DIY+泰雅伊娜說故事	8/15(日)
	藝術家工作坊	魯凱勇士的刺繡傳奇──蝶紋新繡樂活風	8/7(六)
		與山海共舞、聽大地之聲──原住民歌舞祭儀	8/14(六)
		賽德克女孩的異想世界──金工創作	8/21(六)

秋季樂園	原住民文化專題講座	南島語族的「原」與「源」——從「祖靈的國度」談「跨越與連結」主講者：江韶瑩/世界宗教博物館 館長	10/7（日）
		當薩滿遇上耶穌——「祖靈的國度」作為原住民的心思與空間與靈魂居所 主講者：余安邦/中央研究院民族研究所專任研究員	11/21（日）
	繽紛樂園親子遊	勇士公主創意頭冠＋歡樂歌舞活力搖擺	10/10（日）
		彩繪童趣拼板舟＋達悟船祭舞青春	12/5（日）
	週末親子，同樂會。	小攤位大創意。FUN手玩樂DIY。	10/16、10/30
		原趣故事屋。	11/6、11/20 12/4、12/18
	秋之手作 周日工作坊	幸福貓頭鷹．軟陶吊飾DIY	10/31（日）
		浮水染印．藝術創意體驗	11/7（日）
	給你好看——假日電影座談會	蘭嶼魔力，達物情緣——「划大船」〈勇氣百倍．映後座談會〉	11/14（日）
		布農勇士愛唱歌——「唱歌吧！Sing It！」〈聽見原聲．映後座談會〉	12/12（日）

行政院原住民委員會孫大川主委蒞臨致詞

榮獲金穗獎首獎殊榮的紀錄片《唱歌吧！Sing It！》，故事由主角馬彼得校長娓娓道來。

兩位頭目為特展進行原住民特有的祈福儀式。

好玩的圖騰拓印，讓大人小孩都喜歡。

泰雅族的珍貴動產「貝珠衣」，精細華美的令人無法移開視線。

兒童學佛營

↑ 小朋友們在營隊裡開心地畫佛、話佛，
並認真地實踐「普賢十大願」。

每年夏季，靈鷲山無生道場都會舉辦「兒童學佛營」，活潑的課程設計，將佛法融入營隊生活與課程中，讓兒童度過快樂的假期，也學習放下自己、關心別人。

今年「兒童學佛營」以「普賢十大願」為主題，教導小朋友如何在生活中實踐普賢十大願，養成隨時隨地幫助別人、時時請教善知識的好習慣。普賢菩薩是一位實踐的菩薩，普賢十大願是普賢菩薩在成佛路上行善造福的行動方案；小學員們在四天三夜的營隊中，效法普賢菩薩的精神，學習放下自己、關心別人，從小開始成為人見人愛的菩薩，未來更能能把這十個行動方案應用在工作與生活上，將慈悲心遍及每個人。

舉辦兒童學佛營目的是為了接引下一代，讓善的力量與因緣擴大，讓更多人一起來付出愛心、願力與使命。小朋友們從小就接受善的導引，讓他們即使在複雜多元化的社會中，都能保持純淨的心、純善的心以及使命的心。如此擴及整個社會，成為一股清流，這樣善的循環就能促使這個世界變得更美好。

這群小小願力菩薩將成為佛法的傳播大使，將愛與善的種子傳散延續。

遠離課業及城市，小朋友們在學佛營中找到返樸歸真的樂趣。

法師帶領小朋友們進行禪修，收攝一天躁動的心。

↑ 抓住佛的手，歡樂有朋友。你看你看，我
們是不是非常快樂呢？

↖ 無盡燈之夜，清淨的善種子在這一刻光明
透亮。

← 一切的圓滿都是因為善緣積聚，在感恩中
學習，才能有最寶貴的收穫。

亞太地區六國傑出青年
參訪靈鷲山無生道場

外交部「國際青年大使交流計畫」，六個來自太平洋地區友邦國家的青年學員，在外交部推薦下參訪靈鷲山無生道場。

「國際青年大使交流計畫（亞太地區）」是外交部與國內數所大學合作，邀請帛琉、諾魯、馬紹爾群島、索羅門群島、吉里巴斯、吐瓦魯等六個邦交國的傑出青年，至國內各大學交流、學習，培養友邦未來領袖與我文化與雙邊關係的互動。儘管這些來自亞太地區的國際青年有著不同信仰，卻擁有顆開放的心，體驗異國的宗教儀式。而靈鷲山美麗的山海景致、一分鐘禪的寧靜安祥，讓這群短暫停留參訪的國際青年，留下了深刻的印象。

學習問訊，向諸佛菩薩問好，種下美好因緣的善種子。

↑在開山聖殿中學習一分鐘禪,使外國朋友們體會到寧靜與安祥的力量。

→外國朋友們簽署「寧靜手環認同卡」,提醒自己時時從寂靜中找回本心,從心開始改變世界。

柒月

2009
11/15

2010
01/30
03/21
05/02
06/28

2010年五場
水陸先修法會

靈鷲山水陸空大法會秉持「悲願、嚴謹、平等」的精神,每一年在正式啓建前,都會啓建五場水陸先修法會。其目的在於使功德主能在一整年中謙卑禮懺,滌淨一年的障礙,成就福慧善果。同時將五場先修法會的殊勝功德普皆回向,讓法會更能冥陽兩利。

五場的先修法會配合五大節日(重陽、農曆新年、清明、母親節、端午節),也是爲了因應國人祭祖、感恩與追思的心情,所以在五大節日中,舉行了五場先修法會。心道師父開示時指出,五次的先修法會,就是爲家人做五次的補運,也是對亡者做五次的追思、孝親與報恩。

圓滿施食暨水陸第五場先修法會

↑「大悲觀音更密無上圓滿施食」法會暨聖山寺春季祭典：上供下施讓一切來此修法的有情眾生，能夠消災解厄、超拔離苦。

↑「富貴金佛法會」恭誦《一切如來稱讚雨寶陀羅尼經》，祈願消除疾病、憂患、飢饉、刻苦、災難、疫病及業障。

日期	法會名稱	地點	承辦單位
2009/11/15	藥師普佛暨三時繫念法會	三重修德國小	護法會
2010/01/30	大悲觀音度亡圓滿施食法會	靈鷲山無生道場	無生道場
2010/03/21	「大悲觀音更密無上圓滿施食」法會暨聖山寺春季祭典	福隆國小	聖山寺
2010/05/02	富貴金佛法會	臺南後甲國中	護法會
2010/06/28	圓滿施食法會暨水陸第五場先修法會	靈鷲山無生道場	無生道場

禪心・大願・慈悲力

圓滿施食法會暨水陸第五場先修法會。心道師父開示：「水陸法會就是作解碼的工作，超度累世的冤親債主，得到好的生命的平安。」

↑大悲觀音度亡圓滿施食法會：老菩薩攝心專注的共修，更以慈
　悲的功德力回向冥界眾生。

→心道師父於水陸前行二十一天閉關前夕，弟子恭敬聆聽上師的
　諄諄告誡，此時頗有佛性的福田也悄悄過來安靜的旁聽。

↓藥師普佛暨三時繫念法會：先修法會是為我們的家人做五次補
　運，及對亡者做五次的追思、孝親及報恩！

靈鷲山第十七屆水陸空大法會
「守護心靈・慈悲地球」於桃園巨蛋啓建

今年，在桃園巨蛋舉辦的靈鷲山水陸法會，於七月二十八日至八月四日啓建。法會期間，七月三十日適逢農曆六月十九日「觀音成道日」，更是靈鷲山開山大殿開光二十七周年紀念日，善緣和合，更添殊勝。

靈鷲山水陸法會不僅傳承千年來的佛教法脈，也在當代時空背景中植入慈悲滿願的精神。此刻正值全球天災人禍不斷，人心急需安定藥方之際，靈鷲山水陸法會今年主題特定爲「守護心靈・慈悲地球」，呼籲社會大眾以謙卑、慈悲的心念，療癒地球；以慈悲體悟生命循環，喜歡生命、尊重萬物，重新思索生命的核心價值。

靈鷲山水陸法會圓滿走過十七年，要感謝所有護法善信長久以來的奉獻與支持，他們都是善緣具足的大菩薩，讓我們一起期許這份菩薩願力，能夠繼續發光發熱，利益有情。

主法老和尚點榜，昭示大眾啓建法會內容。

清淨無染的內壇金剛聖地，承接圓滿無礙的大悲心，祈願十方眾生離苦得樂。

今年除了在桃園啓建水陸法會，更增九月香港、十月在新加坡兩場
水陸因緣，顯見懺悔所凝聚成的力量無遠弗屆，人人受用，經過佛法淨
化的心靈將成為世間的善種子，為眾生離苦得樂的願景，形成更多善的
循環。

↑梁皇壇佛事：懺除我們的瞋恨、貪心、癡心所引起的無明煩惱。

↖六小壇：以不同的法門接引眾生。

←梁皇壇每天放焰口、做布施，讓餓鬼眾生能夠得到甘露法食、獲得飽滿。

五大士焰口：主法和尚觀想無數眾生前來享用食物、聽經聞法。

無盡藏

主法和尚——戒德老和尚

臺灣水陸耆老，首推戒德老和尚。從1955年主持臺灣第一場水陸至今，已經有五十五年打水陸的經驗，為臺灣目前僅存，集傳戒、做焰口與打水陸，三種中國佛教最重要的活動於一身的耆老；且戒德老和尚的梵唱，堪稱臺灣佛門的玄音妙法。戒德老和尚自1998年第一次為靈鷲山水陸空大法會主法，一直主法到今年，已經圓滿了12場的靈鷲山水陸空大法會。戒德老和尚大半輩子都在弘揚戒法，傳承焰口及水陸法會的儀軌與精神，讓無數受苦受難的眾生都能皈依三寶、聽聞佛法，脫離痛苦的三惡道。

禪心・大願・慈悲力

無盡藏

志工群象

靈鷲山每年的水陸法會期間，都有大量的志工投入。為了辦好一場如法如儀完美的水陸法會，每位志工都盡心盡力的做好每一件事。很多志工一次又一次的參加水陸，漸漸體會了法會的深意，也用心執行著心道師父勉勵大家的「工作即修行」，努力的去打一場「水陸七」；從待人接物的磨練中，轉化自己的心念，培養了柔軟的歡喜心與感恩之心。經驗不斷傳承，新的志工跟隨著資深志工的腳步，從最初自己所帶著的框架與限制，逐漸轉化為懺悔與感恩，因此志工們都非常期待每年的水陸法會——這場「轉化生命」的盛會！

→施放焰口期間，大眾忍受飢餓、口渴，藉此體會餓鬼道眾生受苦的
　感覺，自然升起慈悲之心。

↘「靈鷲十七號」西方船化作朵朵蓮花，承載著所有亡靈往生西方。

↓圓滿送聖：聖眾請歸雲路，六道眾生往生淨土。

心道師父開示

2010水陸結界開示
守護心靈 慈悲地球

各位法師、各位菩薩大德，大家吉祥，阿彌陀佛！

每年的今天，是我們靈鷲人歡聚一堂，同霑法益的殊勝時刻。此時此刻，我們即將升起最殊勝的水陸壇城，以大悲心，周遍法界，利益十方三世、一切有情。

今年，是我們第十七年的水陸法會，這十幾年來，不知道在各位心中，留下了什麼樣的痕跡？是感動？是平安？還是什麼都沒有？

雖然每一年，我們重複同樣的法會儀軌，但各位不要認為，這只是重複同樣的事情而已，要年年在法會中，有更深入的體悟與覺察，帶著生命的感動，來昇華我們的靈性、福祉我們的社會。

我們應該如何準備參與這個殊勝的法會呢？就是要有一顆清淨心，用「持咒、誦經、守戒」來潔淨內心，騰出心靈的時間與空間，接受佛法的洗禮和教導。「心」是一切事物的開端，心潔淨了，才能學習到成佛的方法，轉化生命的能量。

透過今晚的結界儀式，讓整個法會現場成為神聖空間，使法會壇

城內外、上下，成為清淨無染的金剛聖地。我們要虔誠的禮請龍天護法降臨、守護壇城，讓邪魔無法侵入，更要祈願菩薩聖眾，加持、護佑這場法會。相信，我們以無限光明的清淨心來結界，必能創造生命大和解的神聖奇蹟。

生命就是個記憶體，過去因緣所累積下來的一切，會在這一世當中顯現，而這一世所造的業，也將會記憶到來世。因此，對於生命中所遭遇的因緣現象，不要選擇去記憶憤恨，因為，仇恨只會帶來更多的仇恨，由貪瞋癡慢疑五毒所引發的衝突，只會破壞我們生存系統的和諧，帶給這個世界嚴重的災難。不管好緣或壞緣都是緣，我們要接受，並努力將它轉化成善緣的延伸，才能夠解脫生命的輪迴。

水陸法會，就是透過「懺悔、誦經、供養」來轉化貪瞋癡的記憶體，使生命與生命之間，能超脫罪苦、超越障礙，而能夠連結圓滿而和諧的因緣組合。

懺悔，是剷除自己與我們的祖靈、一切有情的怨結，純淨彼此的關係；誦經，是疏導思想的阻礙，教導我們釐清生命糾纏，走上願力的通路；供養，則是增長福德善緣，圓融生命過程中的逆緣。法會的利益就是將懺悔、誦經與供養的功德，回向給我們的祖靈與一切眾生，都能共同了脫生死、趨向淨土。

上個月底，我應邀出席拉達克的回佛對談，當地佛教徒與穆斯林，為了利益、彼此衝突，被貪念矇蔽心性，造成傷害與毀滅。我同

↑愛心贊普：心道師父親自頒贈物資給鄉鎮代表。

他們說：「要重新看見彼此存在的事實與共同的價值，體悟信仰帶給大家的多元富足，不要讓利益矇蔽了內心，唯有各宗教攜手合作，才能讓這片土地，成為距離天堂最近的地方。」

「放下」才能看見問題之所在，唯有「無我」才能看見彼此和諧的共生之道。各位菩薩也該如此，放下自我，從當下去關愛與轉化夫妻、子女、朋友之間的關係，在生活中修行、結善緣。

生命和諧不僅在於人與人的關係，也包含了人與自然的關係，地球的災難與人類的共業有關，惡業越大、災難就越多。這些年來，各種的天災人禍，金融海嘯、地震、水災、異常的天氣變化，不但造成生命財產的損失，也讓生存環境更加惡劣。所以今年特別選定「守護心靈、慈悲地球」為水陸法會主題，期盼藉由水陸法會，凝聚善緣，和諧人類與地球的關係。

信眾投擲鮮花，迎請上堂聖眾降臨。

這一切都要從自心開始，「心平安，世界就平安」，各位菩薩大德，我們生活在人與人、人與社會、人與自然的重重關係中，要時時清淨，不要放逸自心，將內心的潛在種子，轉化為成佛的菩提種子，並慈悲的將它彰顯在生命中，這也就是靈鷲山的宗風──「慈悲與禪」。

為成就如此大的悲願，我們特地將今年的水陸法會提前，與觀音菩薩成道日同時，期盼能效法觀音菩薩成道的精神，聽自己內心的音、聽他人的音、聽地球的音，傾聽世間一切音，並用佛法悲願轉化苦難，讓佛國淨土在世間開花結果。

南無大悲觀世音菩薩！

感恩與祝福大家！

↑難得一見的密壇金剛舞，以不同的示現加持著參與盛會的眾生。

內壇信眾跟隨著儀軌唱誦、跪拜、繞佛，深入儀軌的意義、了解佛法的內涵，洗淨身口意的種種罪障。

在慈悲裡去成就禪的直指，
從禪裡顯現慈的憐憫與悲的拔苦。

捌
月
August

世界宗教博物館
連續四年獲頒文馨獎

世界宗教博物館因長期推廣宗教文化藝術、生命教育等相關活動，獲得行政院文化建設委員會頒贈第十屆「文馨獎」金獎肯定。這是世界宗教博物館從2004年首度獲文建會第七屆「文馨獎」金質獎開始，到2010年已第四度蟬連金獎。

世界宗教博物館自2001年開館以來，持續推出各類豐富多元的特展，以及舉辦宗教交流和對話，與各宗教維繫友好的互動，分享不同宗教的核心價值，將對人權與生命的關懷，藉由彼此的交流互動中表現出來；此外，亦透過豐富的生命教育課程，成為各級教育機構延伸生命教育的平臺。

世界宗教博物館館長江韶瑩表示，本館能連年獲獎，必須感謝館內專業團隊的合作、推動，由於這群優秀、親和、主動的專業館員努力將世界宗教博物館的各面向推薦給社會上不同年齡層的大眾；加上來自各界不同領域二百位熱心、經驗豐富的志工夥伴的認同、投入與支持，才能創造享譽海內外、「呷好到相報」的服務口碑。

世界宗教博物館以「生命服務生命，生命奉獻生命」的態度實踐「愛與和平」，在各界皆獲好評與肯定。

讓愛醒過來
心道師父搶救老耕牛

兩頭恐遭宰殺的退役老耕牛獲得搶救，被送往臺南縣「老牛的家」安養，心道師父並為牠們進行加持皈依，取法名「離苦」及「得樂」，希望兩頭耕牛在皈依後種下離苦得樂的種子。

此次送牛安養的因緣，源自心道師父今年4月到臺南弘法並與臺南縣蘇煥智縣長結緣相識，蘇縣長談起建立「老牛的家」所立基的關懷精神，正與心道師父過去在斯里蘭卡進行的搶救牛隻、將牛放生或轉贈給貧困家庭，協助其耕作以維持生計等做法不謀而合。心道師父讚許蘇縣長藉由老耕牛的搶救、安養，激發民眾以感恩心善待天地間萬物，同時喚起民眾尋回臺灣的農村記憶，認識傳統農耕文化。

隨後，心道師父與蘇煥智縣長連袂出席「讓我們放牛去」交流座談會，與談人包括記

臺南縣「老牛的家」——心道師父為兩頭被搶救、安養的老耕牛加持皈依，取法名「離苦」及「得樂」，希望牠們種下離苦得樂的種子。

↑心道師父與蘇煥智縣長連袂出席「讓我們放牛去」交流座談會，呼籲大家要保有善良純樸，關懷生命跟土地。

↗「得樂」安然自在的品嚐新鮮牧草。
↘皈依後，「離苦」似乎有感於心道師父的慈悲而潸然淚下。

錄片「無米樂」中的崑濱伯、煌明伯、文林伯。心道師父表示重視土地，跟人性的善良純樸非常相關，因為真情真義可以帶動社會的人情味；佛法講眾生平等，「無緣大慈，同體大悲」，只有當文明進步到對一切萬物都具足關懷、尊重的時候，人類的情義、品格、道德才是得到進一步的提升。師父同時也呼籲大眾少吃肉、多吃素，這是環保的一環，也是愛護大自然的實際做法。

禪心‧大願‧慈悲力

用愛啓發智慧・讓生命更加光彩
贈書記者會

靈鷲山般若文教基金會舉辦「用愛啓發智慧 讓生命更加光彩」贈書記者會，心道師父出席記者會並代表贈書給予法務部，以實際行動關懷全國各矯正機關收容人的心靈，法務部長曾勇夫、矯正司副司長黃昭正、立法委員黃仁杼等代表接受贈書；法務部從去年開始，在各看守所積極推廣生命教育，此次的捐贈，更爲推動收容人生命教育工作，增加了很多助力。

成立於1989年的靈鷲山般若文教基金會，基於長期對社會的關懷及對眾生的付出，特別捐贈4萬7千5百冊涵蓋26類的心靈勵志叢書予法務部全國各矯正機關，期待透過贈書的實際行動，讓好書得以影響更多人，讓慈悲照亮更多心靈角落。

心道師父在記者會上表示人的心靈需要砥礪，即使在人生旅途中受到挫折，也可透過閱

贈書記者會實況：透過這些書籍，希冀能幫助眾多更生人獲得心靈智慧，開展璀璨光明的人生，爲未來接引嶄新的福慧善緣。

讀來沉澱、洗瀝徬徨迷失的本心。靈鷲山的心靈勵志書籍，希望提供嶄新的生命觀點給受到挫折而正待洗心革面的人，能有重新學習的機會，引領他們開發心靈的另一扇窗，使生命的境界更寬闊、開朗，以謙卑喜樂的心態來迎接未來的人生旅程。並期望通過今天的贈書儀式，我們能夠接引更多善緣，讓這一份善緣種子，在未來廣大的福田上開花結果。

↑左起世界宗教博物館江韶瑩館長、靈鷲山住持心道師父、法務部長曾勇夫、立法委員黃仁杼共同參與贈書儀式。

靈鷲山佛教教團除了出版佛法的書籍之外，更有很多好書，提升大眾的心靈品質。

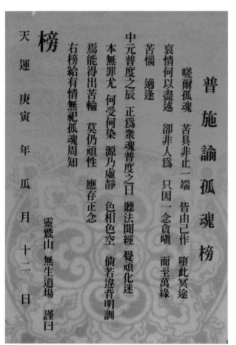

靈鷲山永和講堂啓建社區「中元普度法會」

從 2001年起，靈鷲山永和講堂每年都會與所在的東家創世紀大樓及附近社區居民，以法結緣，共同舉辦「中元普度法會」；今年邁進第九年，而鄰近住戶每年都熱烈參與，已成爲社區年度盛事。

中國民間視七月爲鬼月，向來有祭拜「好兄弟」的習俗，而佛教則視農曆七月爲「吉祥月、齋戒月」，並以慈悲濟世的精神，結合民間「中元普度」的習俗，除了傳承敬天祭祖的傳統禮俗，也兼具社會教化的積極功用。多年來，靈鷲山的中元法會禮請法師擔綱誦經法儀，爲社區安宅祈福、爲地方無祀孤魂等超薦，提振社區人心地方詳和安定，不遺餘力。

普施論孤魂榜

曉爾孤魂　苦具非止一端　皆由己作　墮此冥途

哀情何以盡述　卻非人爲　只因一念貪瞋　而至萬緣

苦惱　適逢

中元普度之辰　正爲衆魂普度之日　聽法聞經　覺頑化迷

本無罪尤　何受何染　源乃盧靜　色相色空　倘若違背明訓

爲能得出苦輪　莫仍頑性　應存正念

右榜給有情無祀孤魂周知

天運 庚寅 年 瓜 月 十二 日　　靈鷲山 無生道場 謹曰

↑ 有「冥間嘉年華」之稱的中元節，在臺灣是充滿人情味的重要習俗。

→在此歡喜教孝月，點香普施度化一切有情，勸人好善樂施，使社區及人心帶來安定。

↓由靈鷲山法師擔綱誦經法儀，帶領大眾唸經回向，為社區安宅祈福。

捌月

禪心・大願・慈悲力

215

靈鷲山大悲心靈饗宴
以禪修寧靜心靈，以藝文精采生活

讓心靈回歸和諧、讓一切平安喜樂。

靈鷲山護法會於基隆港東岸和平廣場舉辦「大悲心靈饗宴——心０分貝」晚會活動，不同於傳統豐盛祭禮、熱鬧的普度方式，這場晚會以心靈寧靜運動來傳達佛法深遠的慈悲，以〈大悲咒〉與禪修的力量，用寧靜、清新的心靈饗宴的祈福晚會方式，為中元普度加注寧靜、慈悲的願力。

今年適逢靈鷲山護法會成立廿年，也是基隆區會成立廿周年，這場由基隆區護法會承辦的回歸和諧、自然寧靜的心靈饗宴，呼應「全球寧靜運動」的理念，以及「愛地球九大生活主張：寧靜、愛心、對話、素食、環保袋、節能、減碳、節水、綠化」，一同為永續「愛與和平·地球家」而努力，期許藉著「大悲心靈饗宴」，能讓社會多份溫暖，讓佛法發揮社會教化與生命教育的功能。

↑點一盞心燈，遠離塵囂煩惱，渡過寧靜平安的每一天。

↑走過心０（靈）之門，讓心歸０（零）、照見本心。

　　心道師父應邀出席這場盛會，並為大眾傳授「平安禪」，師父開示說：「人心如帆船，要從紛擾中靠回本來面目的彼岸；寧靜，是和平之泉源，是孕育一切生命的根源，是新生的力量。」生命的轉機，從感受呼吸吐吶的聲音開始。透過寧靜坐禪的方式使身心靈放鬆，把平時熙攘紛雜的心全然沉澱下來。經由觀世音菩薩〈大悲咒〉的慈悲心，引導大眾以清淨心來體驗天地人合一的寧靜。

世界宗教博物館舉辦
「國中生命教育教材」發表會

世界宗教博物館舉辦《生命之旅——珍愛生命研討會暨生命領航員聯誼會年會》，會中發表「生命之旅——生命的五個階段國中生命教育教材」，並贈與永平高中、中和國中、錦和高中、南山中學、永和國中等五所學校，期望生命教育能夠深植於國中教育。

世界宗教博物館自1989年擘畫籌建以來，一直以生命教育為推廣「尊重、包容、博愛」創館理念的社會實踐方式，希望喚醒沉溺在憂鬱、紛亂不安中的眾生，認識生命、尊重生命，進而珍惜生命，做一個有尊嚴、有愛心的人。2001年開館後，世界宗教博物館不自限於只是一座「靜態的博物館」，更主動積極走向社會、學校，將推展「生命教育」視為職志。

鑑於教育部於2010年開始實施將生命教育列為高中課綱，但國中與國小的生命教育課程卻形成斷層，為彌補這份不足，世界宗教博物館與國立臺北教育大學的生命教育

↑生命教育國中教材。

↑ 江韶瑩館長為發表會致詞,並期許希望藉由這次活動的努力,能讓青少年了解生命的真諦與價值,進而珍愛生命使其豐富、精采。

↘ 國中的生命教育教材,是以世界宗教博物館「生命之旅廳」的五個階段作為設計元素。

↘ 博物館志工:擔任「生命領航員」之使命,把生命教育的理念傳播到學校,引領孩子們進入生命的殿堂。

與健康促進研究所合作,援引世界宗教博物館「生命之旅廳」以「初生」、「成長」、「壯年」、「老年」、「死亡及死後世界」五個生命歷程的架構,以兩年的時間籌畫、研發這份教材,作為國民中學進行生命教育課程時的輔助教材,希望與2005年出版的「生命的五個階段——國小生命教育教案」結合,成為九年一貫完整的生命教育錦囊。

香港水陸法會

心道師父親自主持灑淨儀式。

繼2006年首次於香港啓建「水陸空大法會」，靈鷲山動員港臺百餘名志工菩薩，再度於香港旭日集團大樓啓建水陸法會。與2006年的緣起相同，由於楊釗居士虔誠的祈請與發心，才得以成就這場法會。白手起家的香港旭日集團總裁楊釗居士，在接觸了佛法之後，就以恢復佛法、宏揚佛法爲責，多年來在中國大陸各地重建寺院、扶植佛法教

開壇灑淨：功德主面向壇城，韋馱菩薩前誠心唱誦。

凌晨四點半的齋天佛事，義工們輪班守夜、場布，成就一個殊勝的場域。

育、興建水陸道場，以集團的力量推動佛法的興盛，不遺餘力，可以說是佛教的現代韋馱。

　　法會壇城的布置，雖然分散於不同樓層，但整場法會仍秉持靈鷲山水陸法會「悲願、嚴謹、平等」之精神，如法如儀啓建、進行，並邀請兩岸三地高僧大德，包括南投東園蘭若住持常緣長老、香港西方寺住持寬運長老、陝西終南山佛教文化院院長中言法師，齊聚現場，更禮請苗栗妙法寺住持戒德長老主法，加持法會功德。

　　2006年及今年這兩次在香港的法會，雖然不同於在臺灣所舉辦的眾姓水陸法會，而是由楊釗居士一人所發起，但正是這份護持佛教的願力才能感動這麼多人來共同成就，這份願力是我們每一個身爲佛陀弟子所應該學習，這份使命感更是我們每一個佛弟子所應該承擔起來的。

由戒德老和尚主法的焰口佛事，鏗鏘有力的唱誦聲，攝受全場。

五觀堂中，如法的齋僧儀式，氣氛莊嚴又祥和。

靈鷲山寂光寺啓建
「報恩地藏法會暨施食瑜伽焰口」

志工們在法會中與信眾們一同安定精進的用功，表現出靈鷲人無處不修行的「生活禪」宗風。

靈鷲山寂光寺啓建「報恩地藏法會暨施食瑜伽焰口」，來自全臺各地近百名會眾及志工齊聚寂光寺，以虔誠感恩的心禮拜誦念《地藏菩薩本願經》，報答過去及現世父母、三寶、師長，乃至一切眾生的恩德，讓大眾升起慈悲喜捨的心。並在法會圓滿後施放焰口，將此禮拜施食的功德回向現世親友、往生祖先眷屬及十方苦難眾生。

位於宜蘭礁溪龍潭湖畔的寂光寺，是早年心道師父塚間頭陀苦行時的修行故地，可謂靈鷲山教團的尋根朝聖聖地，也逐漸成為當地信眾修習佛法、清修的清淨蘭若。而在此舉行施放焰口法會除了解除餓鬼的飢虛之外，最重要的是為他們說法、皈依、授戒，不再造罪受苦，以祈早日脫離苦趣，成就菩提，具體實踐佛教「普度」的真義：「菩薩慈悲心念，平等普及一切，救度苦難眾生」，在慈悲法喜的農曆七月，表達敬天法祖的虔心感恩。

↑寂光寺是早年心道師父塚間修行之地，可說是靈鷲山的尋根聖地；而在此舉行施食焰口法會，也是承繼了師父的悲願。

↓虔誠禮拜誦念《地藏菩薩本願經》，報答過去及現世父母、三寶、師長，乃至一切眾生的恩德。

中國佛教協會
參訪靈鷲山無生道場

增勤法師以西安大慈恩寺大唐三藏的〈聖教之序〉，及〈聖教序記〉兩幅拓印贈予心道師父。

來臺參加「2010國際供佛齋僧暨息災祈福大法會」的中國大陸代表團，在中國佛教協會副會長、陝西省西安大慈恩寺方丈增勤法師、中國國家宗教局徐遠杰司長率領下，包括中國佛教協會、越南佛教協會法師以及中國國家宗教事務局及國際供佛齋僧大會的居士等一行，來到靈鷲山參訪，為靈鷲山匯集了無量善因緣，也象徵兩岸佛教交流更緊密的緣起。

靈鷲山與對岸佛教界的互動，多年來善緣具足，而今日中國佛教協會組團前來，更代表今後兩方交流跨越新的里程碑。心道師父近年往返中國大陸，深知佛教復興對現代中國大陸人心安定和諧的重要影響力，如何促進這個力量，值得兩岸佛教界共同來思考。尤其全球化的災難一再爆發，佛教界更應一起發揮大悲心、大願力來關懷全世界的共同議題。

心道師父說，面對這些全球性的災難，兩岸佛教應該發揮佛陀的慈悲精神，彼此的交流合作，以大悲心來面對、關懷這些問題，這是佛教的本懷，也是我們面對這個時代不可避免的使命與責任。祈願我們今日共創的善緣，讓兩岸佛教能夠不斷地交流、對話、合作，用愛心與友誼彼此對待，讓愛與和平地球家的願景能夠實現。

↑增勤法師表示，此行留下極為深刻的印象，願能將靈鷲山的理念和精髓帶回大陸闡揚。
←此次的參訪讓靈鷲山與中國大陸佛教界獲致具體而實際的交流成果。

慈悲就是替別人想，常替別人想，這樣別人就會替你想。
慈悲不是為別人，是為自己，做多了，收成就多。

玖月

September

心道師父帶領四眾弟子於普濟寺供養觀音菩薩袈裟。

普陀山朝聖
毗盧觀音迎請獻供

心　道師父率四眾弟子近二百人，赴普陀山朝聖暨舉行毗盧觀音迎請獻供儀式。在香港九龍灣水陸法會圓滿後，靈鷲山繼1998年心道師父首度親自帶領朝聖團朝禮普陀山，今年再次領眾前往朝聖。

依據地方傳說，位於臺灣東北角的靈鷲山，與浙江舟山群島的普陀山為同一地脈，皆為觀音濟世的普度道場，為尋根溯源，此次朝聖也為迎請普陀山普濟寺主尊毗盧觀音複製來臺暖身，而心道師父也承諾敬奉一複製的靈鷲山多羅觀音到普陀道場，以輝映兩地觀音信仰的千年香火，兩岸聖地結盟殊勝可期，讓一脈相連的南海觀音地脈，從浙江普陀山綿延到靈鷲山，接引娑婆眾生更顯善妙。

今年六月，靈鷲山與浙江舟山市簽署文化交流合作協議，承諾世界宗教博物館的「慈悲・自在——遇

↑心道師父拜訪普濟寺廣慈方丈，象徵一脈相連的靈鷲山與普陀山的殊勝結盟。

　　緣於心道師父與觀世音菩薩有著深厚的法緣，希望弟子們加強對佛法的信心，並對觀世音慈悲的願力更篤定地去實踐。心道法師於1998年11月16日到20日，帶領靈鷲山全體法師前往中國大陸四大名山之一，有著「海天佛國」之稱的「普陀山」進行五天朝聖之行。而法師們與同行的信眾都深深體會觀音法門與上師的法教，並升起無比的信心與願力，發願希望自己能效法觀音，聞聲救苦，普濟群倫。

見觀音」特展首度到普陀山巡迴展出，爲兩岸觀音信仰、文化藝術交流開啓友好的實際互動。

　　心道師父開示：「觀音菩薩給我們的道路叫普門，讓我們接近祂、學習祂的慈悲。來到這裡就是加滿觀音的能量，未來希望大家更加強連結善緣，鼓勵兩岸的聖地交流。」普陀山的毗盧觀音與靈鷲山的多羅觀音，兩岸觀音締結殊勝法緣，爲娑婆世界最廣大的觀音信仰奠定了更淵遠流長的情誼。

靈鷲山恭製普陀山毗盧觀音迎
二〇一〇年九月七日

↑普濟寺觀世音菩薩聖像。

↗心道師父再次親自帶領朝聖團朝禮普陀山,是為
　了迎請普濟寺主尊毗盧觀音複製來臺暖身,並將
　敬奉一複製的靈鷲山多羅觀音到普陀道場,輝映
　兩地觀音信仰的千年香火。

→心道師父開示:「在朝聖的過程中要時時保持著
　感恩的心,就能夠與觀音菩薩相應。」

1998年

2010年

梵音洞：現在與過去，同樣地追隨著觀音菩薩的願力，發大心、行大願。

心道師父開示：「到了普陀山要做的一件事就是向觀音菩薩祈求，加滿觀音慈悲的能量，發願成佛、堅固不退轉。

心道師父受邀赴港
首屆中華佛教宗風論壇

心道師父受邀參加首屆「中華佛教宗風論壇」，此次論壇由香港中華佛教文化院、鳳凰衛視以及中國至愛無聲公益基金會、臺灣曾子南宗師文化基金會等兩岸四地佛教團體共同主辦，邀請到兩岸及泰國、馬來西亞等國家的佛教界高僧長老、專家學者共同與會。包括中國佛教協會會長傳印長老、佛教界德高望重的本煥長老、夢參長老、惟賢長老、淨慧長老、覺光長老、永惺長老、淨良長老等佛門高僧也連袂出席這場盛會。

此次論壇以「百年辛亥、百年佛教、丕振宗風、繼往開來」為主題，追溯百年漢傳佛教歷史，對佛教的教育化、慈善化、企業化、現代化等議題進行廣泛的研討，以令佛教更廣泛地推廣深入現代社會，在推動人類社會的文明進步中發揮更深遠的影響力。

兩岸高僧長老齊聚香港首屆「中華佛教宗風論壇」。

心道師父肯定此次的宗風論壇奠定了佛教未來的發展基礎，也是在實修以及弘法上重要的學習。

　　心道師父致詞時感觸良深地表示：「現下這個科技時代、資訊時代，佛教需要重新梳理、繼往開來，宗風是佛教的精神面貌和根本素質的綜合表現，這次宗風論壇奠定了我們佛教未來的發展基礎。因此在這個時代裡，佛教就必須要有更好的組織、更好的推廣、更好的系統，這是我們在這個時代中必須要做的事，才能夠奠定佛教的教義以及推廣佛教核心價值。」

聖山寺
秋季祭典

上師清淨無染的自性，加持攝授所有前來聞法的眾生。

↑信眾於修法中觀想、轉換身口意，願一切眾生都能夠超脫、離苦。

靈鷲山聖山寺每年固定舉辦春、秋季超薦祭典，已經成為地方消災祈福的例行盛事，東北角沿海一帶彷彿也領受法益，交通事故已逐年降低，讓參與法會的會眾更有信心；另一方面，也透過法會寄情時空、緬懷親族，充分表達了慎終追遠之意。

此次秋季祭典於福隆國小舉辦，結合心道師父每個月一度的「大悲觀音更密無上圓滿施食」，薈供修法恭請諸佛菩薩來此壇場受供，度亡普施超度眾生解脫苦趣，上供下施讓一切來此修法的有情眾生消災解厄、超拔離苦。心道師父開示：「這世間唯有懺悔和感恩才能解冤釋愆，大家在這空間裡一起超度祈求眾生能夠離苦成正覺，我們做法會不只是要利益其他道的眾生，我們也是在利益自己，所以我們要常常修法，常常轉換身語意為功德。」

↑ 超度的意義在於轉換五蘊為智慧。

無盡藏

靈鷲山公路超薦法會源流

靈鷲山舉辦公路超薦法會的歷史可追溯至萬金、三芝兩分會，針對當時常有重大事故發生的淡基、陽金公路，而在1994年6月12日於金山鄉啟建的「基金、淡金、陽金公路超度大法會」，心道師父特別親臨法會現場主持灑淨及點燈儀式。此次不但為國內首次於此三條公路超度意外往生的眾生，亦是靈鷲山首次啟建之公路超度法會。此後，靈鷲山於基隆、福隆等地啟建公路超度，並曾擴大舉辦「陸海二路」、「陸、海、鐵三路」等超度法會，後來與聖山寺春、秋二季超薦法會合辦，已成為東北角地方年度的盛事。

眾生是成佛的元素，如果沒有眾生，諸佛的遍覺就無法產生；
諸菩薩以大悲心的拔苦饒益眾生，所以能成就阿耨多羅三藐三菩提。

拾月
October

世界宗教博物館
參訪紀實 IV

遠從泰國而來的林施紅霞女士多年來想到
世界宗教博物館參訪的心願，終於圓滿。

妙用法師代表心道師父，致贈林施紅霞女
士一尊觀音聖像。

心 道師父的泰國弟子林施紅霞女士在睽違十年之後，又回到世界宗教博物館參觀。林施紅霞女士和夫婿林炳煌博士，夫妻倆數十年來，在經營事業之餘，常不忘回饋社會、參與社會慈善公益活動，在泰國僑界深受尊敬與愛戴，且多次獲得泰國皇室嘉獎。參觀過世界宗教博物館後，林施紅霞女士盛讚世界宗教博物館深具教育的意義，也希望世界宗教博物館不斷成長、永續經營。

2009年8月8日莫拉克颱風所帶來的八八水災重創南臺灣，靈鷲山佛教教團本著人饑己饑、人溺己溺的精神，投入了許多救援工作。靈鷲山「別讓大水沖斷上學的路——88水災安家助學方案」，協助了許多嘉義、高雄縣災區學校的學童，度過重建難關，讓他們繼續學業。

11月20日世界宗教博物館邀請這群孩子們參觀「祖靈的國度——原住民信仰文化特展」，並同時體驗重新改裝開幕的兒童館「愛的森林」，寓教於樂，讓體驗之旅變得更加生動有趣。

西班牙「加利西亞國際研討所」所長Mr.Xulio Rios Paredes及「美

↑ 身為同樣關注人類文化遺產以及祈願人類心靈和諧的NGO組織領導者，Mr. Dormono對世界宗教博物館有著一份不同的親切感。

↖ Mr. Dormono提到當年阿姆斯壯登上月球時，看見一道曙光從地球射過來，這束光的所在地便是印尼婆羅浮屠。

聯社」駐宏都拉斯特派員Mr.Freddy Cuevas Bustilloxu參訪世界宗教博物館，展開愛與和平的心靈之旅；兩人皆讚揚世界宗教博物館不但是一個讓大眾體驗各種不同宗教的真理場域，也是一座將世界十大宗教的核心精神、藝術表現、文獻經典、音樂、儀式，全面呈現的博物館。

　　印尼婆羅浮屠基金會會長Mr. Dormono來到世界宗教博物館參觀，深入了解世界宗教博物館十年的開館歷程，體驗不同宗教、不同文化、不同種族的異同。印尼爪哇中區的婆羅浮屠為世界七大奇景之一，同時也是東方四大奇跡之一；這座佛塔建築的獨特之處，在於繁複壯麗的結構和雕刻與它深刻的宗教意涵。Mr. Dormono說：「非常佩服心道法師能夠設立這世界唯一的宗教博物館，落實尊重、包容、博愛的和平目標，讓參觀者了解不同的宗教文化深意，讓世界更為和諧，讓心靈更能平靜。」

禪心‧大願‧慈悲力

淨行月觀音大閉關
心道師父壽誕為世界消災祈福

↑為心道師父點亮的一百零八盞長壽祝燈，象徵師徒相承的「內明覺照」，望這樣的內明可以燈燈相傳無盡期。

「自性光明離造作遊戲，妄念念妄心光明復滅，
惟今遙呼上師虔祈請，以孺子之心揚師恩。」

每年10月是心道師父的生日月，也是靈鷲山弟子的「淨行月」，10月16日（農曆九月初九）是心道師父六十三歲壽誕；正值二十一天秋季閉關關期的心道師父，關中以〈大悲咒〉精進為眾生祈福，四眾弟子則護持心切，例行為心道師父懺摩拜願、啓建齋天法會，祈願上師長久住世、閉關圓滿。十方善信募集累計上萬部〈普賢行願品〉，為上師慶壽，也秉持普賢菩薩的實踐力，願追隨上師的行者步履，願為人間點燈造福。

15日晚子時起，四眾弟子一同懺願祝禱、齋天祈福，一則懺悔自心的戲論迷惘，妄念纏覆迷失上師教誨；一則為上師齋天祝禱，祈願上師法體康泰、長久住世，利生事業無障無礙。而一百零八盞為心道師父點亮的長壽祝願燈，象徵師徒相承的「內明覺照」希望這樣的內明可以燈燈相傳無盡期。

仍在關期當中的心道師父以錄音開示，「生死就是一個輪迴，慶生就是慶輪迴，然而我們出離輪迴都來不及，為什麼還要慶生呢？所以

今年心道師父的壽誕，正值師父二十一天的秋季閉關關期。

↑為祈請上師長久住世，每年於師父壽誕都會固定啓建「齋天法會」。

←10月是心道師父的生日月，也是靈鷲山弟子每年共識的「淨行月」。

最好的生日禮物就是離開輪迴，生日就是出離最好的見證，在生死輪迴中，要精進學習佛法，發願脫離輪迴的這個可怕的苦，所以生日是一個很好的反省，也是出離最好的時機。」

今年心道師父生日，四眾弟子以法爲供養，募集了萬部〈普賢行願品〉，並於開山聖殿啓建一座銅雕的正覺塔，作爲上師賀壽的禮物，體現了靈鷲山四眾弟子以華嚴聖山爲使命的用心精進，誓願追隨上師，生生世世發菩提心，直至成佛永皈依。

15日晚上子時開始，四眾弟子們便爲心道師父拜願祈福。

禪心・大願・慈悲力

241

和平大使馬天賜神父
聖家堂告別彌撒

行者的踐履，永如不斷雕琢自己的人；藉自我完成，來美化生命、遍潤眾生。

在臺灣推動宗教交流不遺餘力，曾擔任天主教主教團宗教交談與合作委員會的執行秘書兼中華民國宗教與和平協進會理事長的馬天賜神父，於9月30日早上5點55分辭世，閉關中的心道師父乍聞馬天賜神父辭世消息時心中感慨萬分，憶起馬神父為宗教交流所做的一切，心中滿是緬懷與追思，信仰不同宗教的兩人，因共同的和平理念而連結。

當年至今始終並肩合作於宗教對話與交流的馬神父與心道師父，因為宗教和平的共同理念，兩人相互應心、感應道交，尤其是「世界宗教博物館」的誕生，馬神父更是功不可沒，正當世界宗教博物館進行籌備時，馬神父即給予相當大的關心與協助，兩人攜手參與許多國際場合，因此與心道師父建立起深厚的友誼，心道師父還曾讚揚馬神父是他宗教交流的啟蒙者。

馬神父常說：「在宗教交談中，在不同宗教人的身上，常看到為人群服務的耶穌基督並向他們學習。」而在馬神父身上，也可以看到「生命服務生命，生命奉獻生命」的徹底實踐，這不僅

是靈鷲山服務社會的理念，也是透過服務人群而體驗真理的歷程。

10月16日馬天賜神父於聖家堂舉行殯葬彌撒，會場中十餘個宗教團體代表全程參與儀式，靈鷲山以及世界宗教博物館江韶瑩館長率領的多位代表出席。各宗教的代表曾經與馬神父一起為宗教交流感動、喜悅，一生致力於宗教交流的馬神父，在最後的一程路亦呈現出最完美的宗教交流。

一生散發著宗教家風範的馬天賜神父，為人謙沖幽默、毅力驚人，享年八十四歲，其中有半個世紀都在亞洲推動宗教交談，讓接任馬神父宗教交流工作的剛果籍鮑林神父感慨不已。但願這份宗教間的友誼，不斷啓迪這個世界，讓每個人都在自己的內心深處看到上帝，體驗佛陀。

無盡藏

1991年，心道師父與馬天賜神父結識，兩人一見如故，馬神父對於靈鷲山的宗風和志業深表認同，因此常風塵僕僕地領著各地教會的教士修女，或是來自不同專業領域的國際友人造訪位於福隆的無生道場，默默推動著宗教交流工作。

靈鷲山心道師父榮獲美國理解寺
選為全球跨信仰遠見者

↑2005年11月8日 —— 摩洛哥「第七屆回佛座談」。

美國理解寺（Temple of Understanding）為慶祝成立五十周年紀念，從國際上優秀的跨宗教組織領袖以及全球各專業領域的傑出人士中，邀請跨信仰遠見者共六十五人齊聚紐約，於2010年10月19日舉辦一項五十年首見的「跨信仰遠見者：永續發展號召行動會議」，探討在面對全球氣候遽變的趨勢下，如何促進人類永續發展。靈鷲山佛教教團的開山住持心道師父因創建世界宗教博物館，以及國際非政府組織「愛與和平地球家」（Global Family for Love and Peace），長期於世界各地持續推動回佛對談及與其他宗教間的交流，而獲選為跨信仰遠見者並受邀出席該會議。

美國理解寺是由茱莉亞‧霍利斯特（Juliet Hollister）女士在西元1960年所創辦，當時她認為除非宗教傳統裡的珍貴智慧及洞察力能獲得理解及培育，以促使社會積極變革，否則世界將面臨嚴重的危險。理解寺五十年來致力於教育青少年以及不同信仰族群間的尊重、包容與理解，因此獲得聯合國肯定，成為具有諮詢地位的非政府組織。

　　心道師父有鑑於現代人生活的迷茫，不僅是心靈價值的失落，也反映出世界衝突的根源，他深信消弭宗教對立與促成世界和平，需要透過各種形式的互動溝通，只有以宗教共同的「愛與慈悲」為出發，將靈性教育與社會服務合二為一，才是落實人類永續發展的方法。

　　心道師父與理解寺創辦人茱莉亞女士雖然身處不同的時空地點，卻有著共同的信念，他們透過教育與對話，教導人類在差異的世界中和諧共存。

2009年12月4日——墨爾本「第十一屆回佛座談」。

禪心・大願・慈悲力

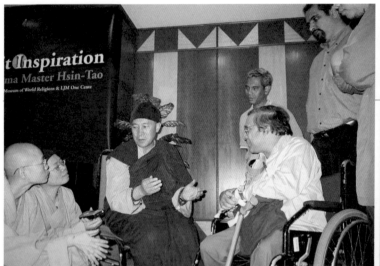

↖2002年5月11日——吉隆坡「第二屆回佛座談」。

↑2004年7月11日——巴塞隆納「第六屆回佛座談」。

←2005年12月11日——西班牙畢爾包「面對一個渴望和平的
世界的新挑戰」國際宗教會議。

2008年6月11~13日 —— 臺北「第九屆回佛座談」。

2009年七月 —— 歐洲「愛與和平交流之行」。

2008年9月3~4日 —— 美國聯合國總部「第十屆回佛座談」。

新加坡
水陸空大法會

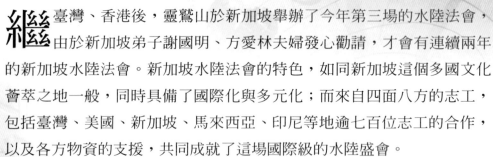

繼臺灣、香港後，靈鷲山於新加坡舉辦了今年第三場的水陸法會，由於新加坡弟子謝國明、方愛林夫婦發心勸請，才會有連續兩年的新加坡水陸法會。新加坡水陸法會的特色，如同新加坡這個多國文化薈萃之地一般，同時具備了國際化與多元化；而來自四面八方的志工，包括臺灣、美國、新加坡、馬來西亞、印尼等地逾七百位志工的合作，以及各方物資的支援，共同成就了這場國際級的水陸盛會。

心道師父於結界為大眾開示到：「因為護法大德的發願祈請、諸佛菩薩的護念加持，以及諸位高僧長老的慈悲主法，更重要的是十方善信志工的服務奉獻，才能成就這樣國際級的水陸法會。希望大家在八天七夜裡，透過『懺悔、誦經、供養』來轉化貪瞋癡的記憶體，使生命與生命之間，能超脫罪苦、超越障礙，能夠連結圓滿而和諧的因緣組合。」

在這個八天七夜裡，透過「懺悔、誦經、供養」來轉化貪瞋癡的記憶體，使生命與生命之間，能超脫罪苦、超越障礙，而能夠連結圓滿而和諧的因緣組合。懺悔，是消解自己與我們的祖先、一切有情的怨結，

無盡藏

乘願再來

　　新加坡水陸的發起人——方愛林師姊（左）在感恩晚
會上，發願明年度（2011）繼續在新加坡啓建水陸法會，
這份發願獲得了滿堂的喝采，也受到心道師父的加持：
「只要是佛法的發願，沒有不成功的，只要是做對事情一
定成功，諸佛菩薩一定加持成功。」預示了來年的水陸法
會成功順利，利益更多眾生。

純淨彼此的關係；誦經，是疏導思想的阻礙，教導我們釐清生命糾纏，
走上願力的通路；供養，則是增長福德善緣，圓融生命過程中的逆緣。
法會的利益就是將懺悔、誦經與供養的功德，回向給我們的祖先與一切
眾生，都能共同了脫生死、往生淨土。

　　面對全球災變受苦受難的無盡眾生，水陸法會雖是傳統懺儀，卻是
最有效的靈性溝通和解的平臺，心靈作爲和平的根本，也是地球平安的
緣起，用慈悲的修行來轉換地球的不和諧。水陸法會是廣度眾生的方便
法門，讓一切眾生可以因此學佛、成佛，走上發菩提心、追隨菩薩行願
的解脫大道，人人都應該自我期許，成爲傳播善念的善種子，並且將種
子深深耕耘，讓佛法善妙的法香，遍滿世間每一個角落，讓六道眾生都
能離苦成正覺。

為眾生祈願的心，以清淨的身口意代眾生受
清淨的三聚淨戒。

↑善緣具足讓新加坡水陸法會得以順利成就，慈悲的發願讓眾生離苦
　得樂。

→靈鷲山的水陸法會，無論是在何處興辦，始終依照古德傳承的教
　法，如法如儀。

↗八天七夜的水月壇場，隨著西方船的燃燒，回復成為它的「本來面
　目」。

無盡藏

一心奉獻、無怨無悔

來自臺灣、新加坡、馬來西亞、印尼、美國等各地的志工，共同發起這份善心、善念，無我的奉獻。如同心道師父所說的，每位志工都同念一部「一心奉獻、無怨無悔」的經，奉獻而無所得的境界是非常超越的。

愛心，就是一個傳播的媒介，就像熱火，一直在燃燒、不會熄滅！
做宗教交流，也是要用很大的愛心，所以能夠有這麼多的朋友，永遠不會寂寞。

拾壹月

November

拾壹月

03/25
～
03/26
、
05/31
～
06/01
、
11/02
～
11/03

共識與團結，能擁有更大的能量繼續弘法利生。

慈悲與禪
宗風共識營

　　靈鷲山無生道場自開山以來，秉持著心道師父塚間禪修的慈悲願力，未曾間斷「慈悲與禪」的佛行事業。從無生道場建立、世界宗教博物館成立至今，教團組織逐漸擴大，要如何將心道師父修行的願力，更具體地落實於組織的血脈之中，把佛法傳承的事業紮根，將靈鷲山的佛行事業開展出來，都必須建立在所有人的共識基礎之上；因此靈鷲山無生道場自2008年起，開始舉辦宗風共識營，而本年度則舉辦了四場宗風共識營，其目的在於將宗風──「慈悲與禪」的內涵具體清楚地表達出來，並將宗風深植在每個靈鷲人的內心及行動中，讓「慈悲與禪」的宗風成為所有靈鷲人的共識。

　　靈鷲山宗風共識營，參與會議的人員除了法師之外，還有基金會的同仁及護法會的菩薩們，四眾弟子

↑「希望在慈悲與禪的環境中，改變每個人的習氣，用這特質來形成靈鷲山的宗風。」

→ 法師、委員及同仁們一同積極地參與討論，希望能運用更多的善巧方便，引導眾生來修行佛法、行菩薩道。

們一起來為靈鷲山「慈悲與禪」的宗風作更深入的論述。心道師父表示，「宗」就是宗旨，「風」就是行動，我們的宗旨跟行動是什麼？就是「慈悲與禪」；「禪」就是心、就是覺、就是靈、就是不惑，我們在每個地方不惑、不迷失，不失叫做守，守就是禪修，以這樣不迷失的心來行大悲的願力、菩薩道、菩提心，這是唯一的根本思想。

禪心·大願·慈悲力

世界宗教博物館
慈悲・自在—遇見觀音
特展跨海共襄盛舉

第八屆中國普陀山南海觀音文化節，自11月5日起至11月10日，在浙江省舟山普陀山舉行。靈鷲山佛教教團今年特以世界宗教博物館的「慈悲自在——遇見觀音」系列圖像參與展出；期望讓更多人了解臺灣特有的觀音文化，促進兩岸展開更深刻而美好的互動，進而開啓宗教、文化與觀光相輔相成的嶄新格局。

2010年6月，舟山市普陀山與世界宗教博物館，以促進觀音文化交流合作爲題，簽訂了合作協議，希能達成「建立合作機制」、「相互參與活動」、「推介文化品牌」等共識，將有計劃地進行一系列交流活動。在此共識之下，首先打頭陣的，就是把世界宗教博物館於2009年11月首度推出，備受好評的「慈悲自在——遇見觀音」特展菁華，配合此次的普陀山觀

遇見觀音

遇見观世音，认知真善美。
Meet Bodhisattva Guanyin
and cognize the truth, kindness and beauty.

音文化節，自2010年11月4日起開始於普陀山展出。特展中除介紹觀音信仰在臺灣的流傳，同時也介紹臺灣以禪爲宗門行持、以觀音法門接引有緣、展開六度萬行菩薩道的心道師父，並特別介紹心道師父所創辦的世界宗教博物館及國際非政府組織「愛與和平地球家」（GFLP）。希望藉由博物館兼具文化藝術之美與宗教研究的成果，推動創館理念，也是生命教育的核心價值「愛與和平」，將宗教文化的眞、善、美、聖，展現於世人的眼前。

↑觀音展爲兩岸觀音文化、藝術交流開啓了友好的互動，也肯定了世界宗教博物館的用心與品質。

↑特展中同時介紹了心道師父、靈鷲山教團，以及其它靈鷲山志業組織。

世界宗教博物館
九週年慶

世界宗教博物館提供全球各宗教人士一個對話的平臺，一同勾勒和諧世界的藍圖。（圖為2002年世界宗教博物館二週年館慶）。

世界宗教博物館成立的目的在於促進世界和平，並集合各方的力量一起來關心地球。（圖為2001年世界宗教博物館開館。）

世界宗教博物館不僅是保存神聖的宗教文化遺產，更是一座心靈的博物館；可以讓我們互相認識彼此宗教的異同，而不再有宗教爭端和衝突，是我們尋找安心、自在的歸宿。

——世界宗教博物館創辦人　心道師父

每年11月9日是世界宗教博物館的館慶，也是「世界宗教和諧日」；今年正值成立九周年，回顧這個不平凡的和平志業，在二十多年前，心道師父帶領弟子，由一人一百元的涓滴小款開始累積，靠著許多人一步一腳印推廣宣揚的世界宗教博物館，終於在心道師父的帶領之下，正式於九年前開館。

如今世界宗教博物館不但廣獲國內外各專業機構，及各領域傑出人士的肯定，也因持續推動跨宗教交流與對話的努力而成為臺灣人的驕傲。

心道師父提出「宗教不限於佛教的觀點，而是一個普世的價值」的理念，所以世界宗教博物館的成立，不只跟佛弟子結善緣，而是跨越宗

教，和每個宗教結下善緣，走出各宗教限制，讓各個宗教的教義可以同時示現，讓我們有更寬廣的視野。心道師父認為，新世紀的來臨，佛法不只是靠人去履行，更要靠傳播去發揚。世界宗教博物館成立的理念是基於華嚴精神實踐的成果，希望提供全球各宗教人士一個對話的平臺，站在這個善的起點，實踐「尊重、包容、博愛」的華嚴精神，用持續不斷的對話，一同勾勒和諧世界的藍圖。世界宗教博物館透過文化形式，包含藝術、資訊與科技，讓宗教有嶄新的呈現，進一步貢獻社會，將美德教育提升，是為另一種生命教育的突破性創舉。

　　世界宗教博物館的定位是歷史淬煉的智慧結晶，誠如它標舉的二大精神支柱「愛是人類共同的真理，和平是人類永恆的渴望」。期待世界宗教博物館除了臺北館，更播放到世界各地，讓世界和平透過宗教對話被啓發，讓人心因為信仰而不朽，讓人類不再有對立，不再有戰爭，不再有殺戮，獲得永遠的「愛與和平」的恩典與賜福。

↑期許以愛與和平為理念的世界宗教博物館，能日益茁壯，更寬廣、更深入地推動生命教育，將關懷的力量擴及社會每一個角落。

↖在這九個年頭裡，世界宗教博物館的交流平臺，牽引了來自世界各宗教的人士，雖然信仰著不同的宗教，但彼此相知相惜的心卻是如此的應合。（圖為2005年以利亞國際會議。）

「愛的森林」穿新衣
彩虹派對樂翻天

在世界宗教博物館內有一座如童話般的「愛的森林」，分別以春、夏、秋、冬的方式展現，讓爸爸媽媽可以帶小朋友一同來森林探險，拜訪象徵「愛」的奇幻獸——米洛可（miracle）。2010年是米洛可五歲生日，愛的森林內部特別重新改裝「穿新衣」！並於11月13日舉辦彩虹派對，現場湧進了許多小朋友，其中有「米洛可變裝賽」的網路票選前三名得主，也有穿了彩虹圖案的服飾專程參加彩虹派對的小朋友。

在這座全國唯一的兒童生命教育館內，參觀者經由在四季的森林中探險，尋找森林中的主角「奇幻獸」米洛可。透過五感參與（觀察、傾聽、觸摸、嗅、聞等），發現愛的存在；從互助、分享的遊戲，學習愛的表達。小朋友參觀米洛可家園的同時，也在爸媽的陪伴與庇護下，體會愛的溫暖力量。

↗「米洛可變裝秀」創意DIY比 賽，小朋友們
　個個創意無敵呢！

↖ 會後遊戲——大家為之瘋狂的有獎徵答。

← 大家都很寶貝自己的作品哦！

馬來西亞
靈鷲山佛學會青年團成立

馬來西亞「靈鷲山佛學會青年團」在大眾引頸期盼之下，於此次心道師父的馬來西亞弘化行程中，正式成立。青年團的學員來自馬來西亞學佛營，經歷三屆的學佛營，學員們情感及經驗不斷累積，不但成為法會的義工幹部種子，也正式組織起來，由馬來西亞拿督潘金躍擔任首任榮譽會長、李健漳擔任首屆團長，積極地展開學佛與弘法的各項活動。

靈鷲山青年團依據靈鷲山「生命教育」的理念，以「服務社會，自我成長，貫徹愛與和平；參與活動，拓展視野，培養積極樂觀」為宗旨而成立。期盼在價值觀矛盾和對立的時代，能夠引領青年重新回歸自我、探索生命最真實的本源。希望青年們藉著一次又一次的服務和實踐，將「傳承諸佛法，利益一切眾」付諸於行動。由此，培養青年朋

↑馬來西亞靈鷲山佛學會青年團成立了，歡迎加入喔！

↑在這裡我們有服務生命的熱忱、聚集了善和成長的能量、重新為自我定位，思索生命的本質，為心靈找到支柱。

↑邁開步伐，走出法脈傳承的希望與未來。
╱年輕的生命，應是快樂、自在，有方向而不虛度的。

↑準備好要加入青年團了嗎？

友對佛教的使命感、對社會國家的使命感、以及對地球的使命感，以四觀──「正面、積極、樂觀、愛心」作為人生目標。

　　青年就是佛法的希望、佛法的光明，他們就像一盞燈，點亮傳承、續佛慧命。靈鷲山青年團的成立，肩負著散播善種子的使命，佛法的智慧開啓生命的寬度和廣度，讓不同的生命，彼此互相包容、尊重。

　　心道師父多年前即對馬來西亞這群年輕的學佛弟子印象深刻。他們對佛法的渴求，不時殷勤請法，讓心道師父不禁讚嘆：「看到這群年輕人，就看到佛法有希望！」因緣成熟之際，這群青年的成軍將為東南亞佛法的廣傳注入一份熱情的新血。

馬來西亞
觀音薈供

龍欽寧體・密成就大悲觀音・苦自解脫及
薈供.酬懺.傳承祈請文合集

心道師父於11月19至23日赴馬來西亞展開為期五天的弘法行程，並於21日這天在吉隆坡馬華大廈三春禮堂啟建觀音薈供法會。殊勝的藏密修法，法會現場湧進上千人，把握難得的修法機會同霑法益；除了為自己祈求安樂，也為世界祈求災難遠離、平安吉順。

馬來西亞有60%的民眾信仰伊斯蘭教，只有25%的人是佛教徒。因此許多學佛的信眾對於難得的修法機會甚是珍惜，心道師父深知馬來西亞的信眾對佛法的渴望，特地在馬來西亞舉辦觀音薈供法會。而馬來西亞重要的三大華文媒體 ——「中國報」、「星洲日報」及「南洋商報」，也都於法會期間特別專訪心道師父。

難得的聚會、難得的因緣，觀音薈供的修法在息、增、懷、誅四功德裡為眾生積聚福德資糧。心道師父說，這一切的功德皆來自於學習觀音菩薩的慈悲喜捨，也就是希望眾生具足樂及樂因、遠離苦及苦因、不離開無苦的樂、希望眾生對於冤親都能平等，而這樣慈悲喜捨的行為則能讓我們得到最究竟的利益，也是佛法帶給眾生最大的利益。

法會莊嚴殊勝，令人讚嘆不已，大眾均沐浴在法喜大樂之中。

感念多方善緣積聚，促成此次殊勝的觀音薈供法會，令眾生蒙受法益。

←在辛勤的法會工作之後，志工菩薩們領受心道師父的加持。
╱心道師父叮囑大眾，要珍惜生命、時間來修行，讓善業持續。

靈鷲山祖庭寂光寺莊嚴啓建
報恩地藏法會暨小蒙山施食法會

↑祈請十方諸佛菩薩加持，護法龍天庇佑，斷
惡修善，增長福德善緣。

鷲山祖庭宜蘭寂光寺於2010年11月21日啓建「報恩地藏法會暨小蒙山施食法會」。當天現場擁進來自各地逾百位信眾及志工，齊聚護持這場地方上一年一度殊勝的法筵。

早年心道師父於此塚間修頭陀行，發下荷擔一切眾生的難行苦行，圓滿一切眾生的心願，而今天在此護持修法，更顯無量功德。法會禮誦《地藏菩薩本願經》拔濟世間眾生的苦難；超薦祖先眷屬及冤親債主，孝親報恩；《蒙山施食》利濟孤魂，普施河沙眾佛子、諸有情及十方法界孤魂，願皆能夠飽滿捨慳貪，速脫幽冥生淨土，皈依三寶發菩提，究竟得成無上道，功德無邊盡未來，一切佛子、有情、孤魂同法食。信眾若能常造訪具有蒼樸古勁之風的寂光寺，來此尋幽探訪心道師父的如幻山房，或在寂光寺旁龍潭湖畔朝湖禪修，來調伏自身習氣，當更能激勵自己發勇猛心度眾，行菩薩道。

↖ 法會主法大良法師為現場灑淨。

↑ 祈願所有眾生都能藉由諸佛加被之力，免除流轉於六趣苦輪中。

← 藉佛的力量、法的力量、心的力量，領受殊勝莊嚴的佛陀教法。

世界宗教博物館
榮獲教育部頒發「社教公益獎」

行政院長吳敦義親自頒發獎狀給世界宗教
博物館代表范敏真。

世界宗教博物館今年繼8月份接連獲得內政部頒發「民國98年捐資興辦公益慈善及社會教化事業」績優宗教團體獎、行政院文化建設委員會「第十屆文馨獎」常設金牌團體獎後，又再度榮獲教育部頒發的「社教公益獎」之團體獎。11月25日世界宗教博物館秘書室主任范敏真，代表世界宗教博物館從行政院長吳敦義手中，接受這份代表高度社會教育貢獻的榮譽。

世界宗教博物館以「推廣生命教育、認識宗教文化與藝術」受到評審的肯定，代表著開館以來所秉持的「尊重、包容、博愛」理念及宣揚宗教「愛與和平」的理想，獲得了社會大眾的認同。

代表世界宗教博物館的范敏真主任無比欣慰地表示：「拿著這個獎，就想到首任館長，也是榮譽館長漢寶德教授及現任江韶瑩館長一直以來對全體同仁的鼓勵與期許：『社會不能沒有你們！』而我們終於做到了！」相信世界宗教博物館未來將持續致力於生命教育的紮根深化，開展宗教交流的廣達弘遠，推廣宗教藝術的真善美聖。

↑ 世界宗教博物館默默為社會盡心盡力，這已是今年第三度得獎！

和平Young Touch
交流In Love

↑從出生、青年、中年到死亡，體驗每個宗教對生命的看法及態度。

本著「尊重、包容、博愛」的理念，並響應世界和平日，「世界宗教博物館」與GFLP「愛與和平地球家」共同於11月27日舉辦了「和平Young Touch」的活動，廣邀全臺大專青年共襄盛舉，近五十位青年學子，把握了這個難得的機會跟不同宗教的朋友分享彼此的觀念與價值。「和平YOUNG TOUTH」活動，以社會青年及大專院校學生為主要對象，共吸引了來自東吳、輔仁、靜宜及政大等數十位各宗教青年參加。

「愛與和平地球家」（GFLP）是靈鷲山於紐約成立的國際性非營利組織，為響應世界和平日，特別舉辦「和平YOUNG TOUTH」活動，以鼓勵各宗教的青年分享彼此宗教的價值與文化。

活動內容的第一站是參觀全世界唯一的生命教育博物館——「世界宗教博物館」。學員們在導覽員的悉心引導下，體驗到每個宗教對生命的看法及態度，也了解各宗教的內涵，分享不同宗教的價值。

第二站是前往「聖家堂」進行第二階段的交流。饒志成神父、郝惠娟修女以溫馨的帶動唱，歡迎這群和平Young Touch的夥伴，並帶領大家

感受天主教神聖氛圍。爲了讓每個人對耶穌從誕生到殉道的過程，能有更深刻的瞭解，聖家堂更安排大家「拜苦路」，在修女的帶領與廣播劇的表演方式下，大家收攝身心，緩緩的走過聖堂那象徵耶穌一生歷程的十八幅由彩繪玻璃製出的聖經故事，每個學員拜完苦路之後，心裡都充滿了深深的感動。經過一天的宗教洗禮之後，學員們了解到所有的宗教的共同主題都是「愛」，也期許自己從宗教中找到對生命的熱情和理想。

↑學員們在「愛的森林」裡，體驗奇幻獸「愛」的溫暖與氣息。
↓在金色大廳迷宮的迷悟、進退之間，體驗生命的旅程。

修女帶領學員們唱詩歌、走拜苦路，感受耶穌為世人受苦的偉大情操。

大家帶著滿滿的感動，重新尋回對生命的熱愛。

天主教聖母聖心會神父
前來靈鷲山參訪

↑神父們向心道師父邀約下一次的禪修會。

由聖母聖心會華蒙省會會長林瑞德神父（FRANS）帶領，一行共八位長期於臺灣進行傳教服務的比利時與剛果藉神父前來靈鷲山參訪。神父們感受到在靈山上滋養的生命是如此的朝氣蓬勃，在莊嚴肅穆的開山聖殿中的寂靜修禪法，讓人自在放鬆身心。

初次見到心道師父的神父們，與心道師父展開一場小型的宗教交流；神父們好奇著佛門生活的一切，心道師父如實的娓娓道來，不管是佛教的戒律、對社會的教育還是對真理的追求等，大家本一家，只是走的方向不一樣，到最後回到的都是同一個地方。佛教對真理的追求，就是智慧與慈悲，我們學習著讓生命如何有智慧、如何有慈悲，這也是每個宗教帶給人們最主要的真理。

最讓神父們感受深刻的心靈寧靜禪法，讓神父們期待再度回到這個靈氣充滿的聖地禪修靜閉。

←↓初次體驗靈山上的禪修，讓神父們感受到在聖地清淨、寧靜的渲染力。

禪心‧大願‧慈悲力

最好的慈悲心就是讓一切接觸到的緣都能覺悟。
如果他不覺悟，我們就學習菩薩，用種種的善巧來度他。

拾貳月

December

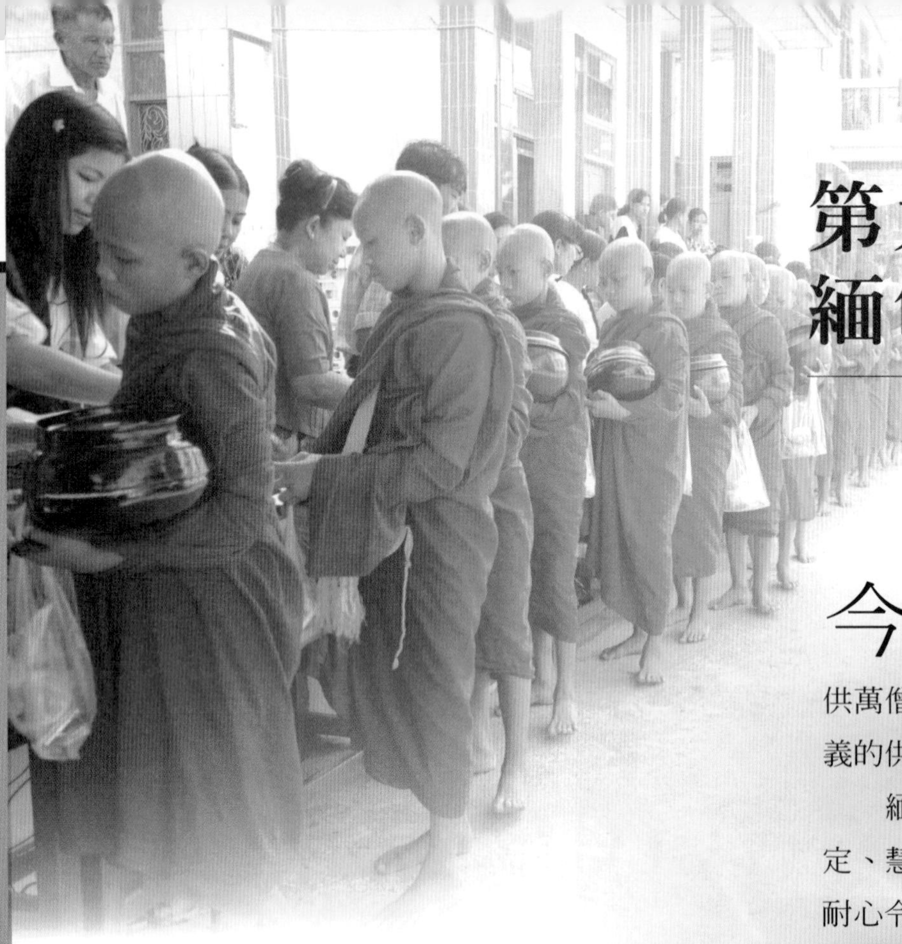

第九屆
緬甸供萬僧

今年是民國九十九年，心道師父已經是第九次
親自帶領靈鷲山四眾弟子至緬甸朝聖、
供萬僧；「九」、「久」意味著如此殊勝有意
義的供僧朝聖也將不斷的延續。

緬甸比丘堅持維持原始佛教，以戒、
定、慧三學來實踐修行，如此的毅力與
耐心令人感佩；僧眾是佛法的根也是
眾生的福田跟智慧，而讓眾生得
以找到究竟解脫成佛的根源，是
來自於僧眾修行上的證悟。一
生能夠供養萬個比丘，更是
無上的福報，功德當使
來生不墮惡趣，

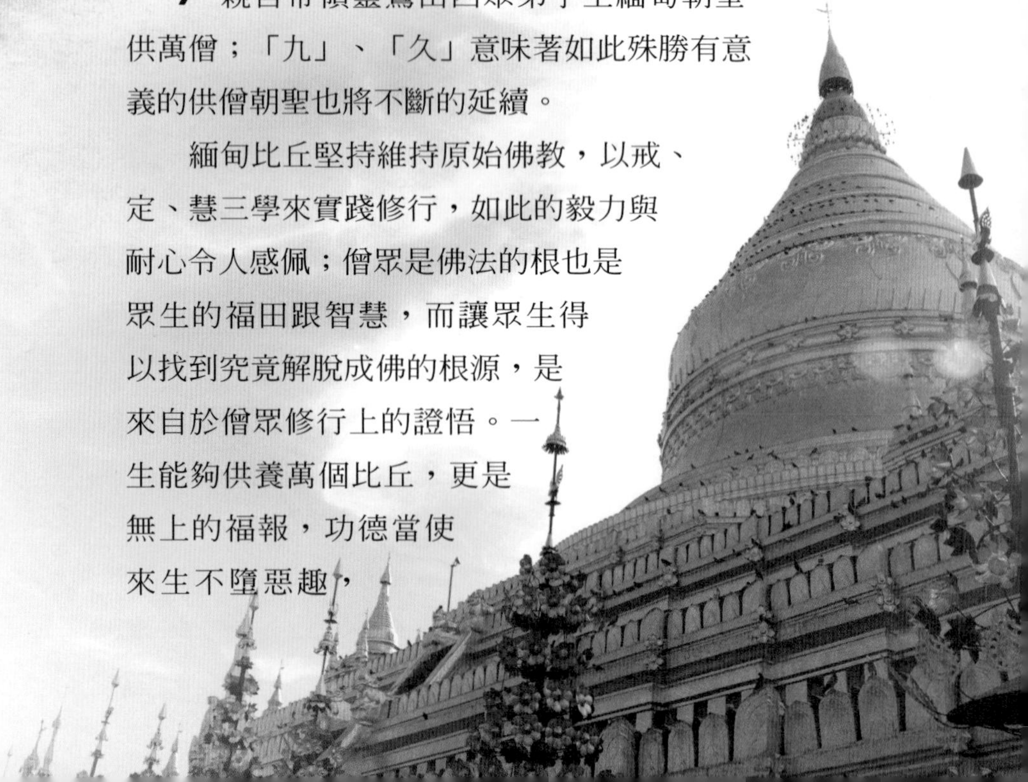

↑ 滾強光法源寺供僧。

緬甸供萬僧的殊勝由此可知。若以此無邊勝福回向世界無災無難，則將令大眾息滅災難病苦，增長福氣智慧。

　　心道師父開示：「在全球化的競爭壓力下，使得弘揚佛法面臨很多的挑戰，因此我們年年帶領與鼓勵全球各地的學佛弟子，都能回來緬甸供僧和修行，將緬甸留下來的珍貴佛教傳承下來，並且弘揚廣大，尤其緬甸更是擁有最多實修成就的尊者與羅漢，這是我們現代人最大的和平與真理的依靠。看到這些修行成就者，為了追求真理所做的奉獻，相信我們更有決心修行以證涅槃、趨向和平，讓我們為佛教的傳承延續努力精進。」

　　八天的朝聖供僧行程中，一共舉行了四場供僧法會，分別是：第一場在東枝茵萊湖的傳統水上供僧儀式；第二場於浦甘較布東，深入偏遠且長期不曾有外來團體供僧的寺院；第三場則在滾強光法緣寺供僧；第四場則在緬甸全國上座部佛教巴利大學供養比丘學僧。其中第一、第二、第四場供僧儀式，是緬甸朝聖團九年來的第一次，殊勝難得的第一次體驗，也令此次的朝聖團團員深感歡喜。

→於Tilumiln塔共修。

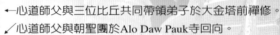

←心道師父與三位比丘共同帶領弟子於大金塔前禪修。
╱心道師父與朝聖團於Alo Daw Pauk寺回向。

←朝聖團於六塔寺虔誠向佛陀祈求此行圓滿。

心道師父帶領弟子於千佛洞禪修。

↑浦甘護心寺供僧法會。

←浦甘護心寺供僧。

↓「東枝茵萊湖供僧」──靈鷲山佛教教團首
　度在水上舉辦的供僧法會。

2010靈鷲山護法會
幹部四季營

向來重視教育的心道師父，在今年護法委員們回山參與幹部培訓時開示：「在每季全國的幹部們都會回山參與幹部培訓。教團很重視培訓教育這塊，尤其是彼此的分享、見證是非常重要的，這樣整個團隊才會靈活，有協調性與生命力，更是我們往前的動力。」委員幹部的培訓課程提供了一個機會，學習如何與他人結緣，扮演好委員的角色。

2010年為護法會成立20周年，在四季營的課程上也做了突破式的改變。由馮仁厚、胡海音老師的有效溝通課題帶領區會團隊，展開四個階段溝通課程，期望透過良性的溝通，讓團體更能夠如虎添翼、凝聚力量、達成共識。

由春季營開始第一階段的「有效溝通與學習」課程，藉由委員們的分享，希冀在未來護法工作上能助益更多世人。第二階段的夏季營則是以「有效提問與回應」為重點，透過「宗風與我」的研討，發揮「慈悲與禪」最大的潛能。秋季營特別舉辦「雲水禪二」，期許護法菩薩們在助人的慈悲行持之外，更加強內化的修為，觀照自心的清楚明白。第三

↑ 委員們努力的學習，期望能夠接觸、灌溉更多的緣。

階段的多季營成果展，回顧一年來所嘗試的改變，並將上課成果，透過統合綜效帶領區會思考，化作跨越「護法二十」最佳的力量。

　　除了全國幹部四季營以外，今年護法總會特別規劃出三階段的委員精進營課程，目的在於重新點燃護法委員們的初發心。第一階段課程，引導委員們不斷突破自己的各種框框，並啓發別人心裡尚未點燃的願力；第二階段課程則透過討論，集結出委員對於宗風「慈悲與禪」實踐的分享；第三階段則是願力的再出發，研討如何將〈百福十要〉落實於日常的生活中，激發出委員的願力，爲護法會許下未來的願望。

　　今年是靈鷲山護法會成立二十周年，護法委員們積極的投入與參與，除了堅固自己的信心以及對佛菩薩的承諾，更是對眾生慈悲願力的無盡開展。期待未來還有無限個二十年，這份菩薩願力，仍然繼續發光發熱。

＼做委員就是做接引善緣的工作。
↑母親為兒子結上正式委員的領帶，代表著母子同心、象徵著護法的代代相承。

禪心‧大願‧慈悲力

287

※護法會培訓課程活動時間表

時間	活動內容	地點
3/13（六）~3/14（日）	全國幹部春季營	無生道場
3/27（六）	授證委員精進營	永和慧命教室
3/28（日）	授證委員精進營	臺南分院
4/17（六）	委員精進營~中區以北	永和講堂
4/18（日）	委員精進營~中區以南	臺南分院
4/24（六）	委員精進營~西區以北	無生道場
4/25（日）	委員精進營~西區以北	無生道場
5/23（六）~5/24（日）	全國幹部夏季營暨新科委員授證晚會	無生道場
5/29（六）~5/30（日）	委員精進營~中區以北	明德教育訓練中心
6/26（六）~6/27（日）	委員精進營~中區以北	富邦教育訓練中心
7/3（六）~7/4（日）	委員精進營~中區以北	劍潭青年活動中心
7/17（六）~7/18（日）	委員精進營~中區以南	臺南分院
9/25（六）~9/26（日）	全國幹部秋季營	無生道場
11/6（六）	靈鷲山儲委精進營（南場）	高屏講堂
11/13（日）	靈鷲山儲委精進營（北場）	永和慧命教室
12/11（六）~12/12（日）	全國幹部冬季營	無生道場

↖精進營是護法委員們充電的好地方。

←有你真好！彼此鼓勵與打氣，給予委員們很大的力量。

↑徹底實踐宗風——慈悲與禪，以身作則！

禪心・大願・慈悲力

心道師父開示

護法會幹部營開示

我們學佛的時間久了、工作的時間久了，就會產生疲憊、疲勞、懈怠，所以大家要彼此鼓勵，生生世世都有不退轉的菩薩道精神。人的生命，是很快的呈現、又很快的消失，不管是好是壞都是這樣子。佛法講的就是種子，種子種好了，未來的收成就是非常的美好、幸福。種子種不好，當然挫折、trouble（英語：麻煩）就很多，所以我們要時時刻刻跟隨佛陀的腳步，走向菩薩的究竟大道。不要浪費生命、浪費時間，要時時刻刻都在行菩薩道，在家庭我們一樣服務、奉獻、付出，在公司一樣服務、奉獻、付出，在哪裡都不會失去奉獻、服務的精神。菩薩道就是善業跟正覺，我們以成佛的正覺來行善業、來結善緣，不要錯過任何一個小小的緣；因為生命是那麼短暫，時間是那麼快速，剎那之間，生命就走完了這一程。

所以我們今天是非常地幸福，能夠很幸福地走這條成佛的路。大家在生活中，處理任何事情的時候，都本著菩薩道的精神，本著人人成佛的決心，我們所做的事情，就是以佛的使命為我們的使命，那麼我們「逗到」（臺語：遇到──碰到）業力來的時候，就不會忘失了佛法。每一個緣都是我們的善緣，也是我們的業力；對這些善緣，我們要播下正覺成佛的種子，這些都要從結緣開始。

師父講個小故事，有一天佛要度一個老太婆，可是，這個老太婆就是不想看到佛，也不想聽佛說話。一般人只要聽到佛說話，佛的聲音就會讓他成佛，但她就是把耳朵摀起來；一般人只要看到佛，他就會喜悅、就會學佛，但她就是把眼睛矇起來，所以佛拿她沒辦法。佛就想說到底誰有辦法度這個老太婆？結果就是大迦葉。因為，過去生有一次大迦葉走在路上，路中間有一隻死去的老鼠，這個老鼠很臭，每個過路的人看到就對牠吐口水。大迦葉看到這隻老鼠，就把牠移到路邊埋掉。後來老鼠轉世輪迴成了這位老太婆，因為這樣的關係，佛陀就叫大迦葉去度她。那個老太婆一聽到大迦葉的名，就非常的喜悅，然後大迦葉就度她學佛。

所以我們平常點點滴滴地結善緣是很重要的，不要想誰是我們的親戚、誰是什麼，這裡面都有玄機的。什麼叫玄機呢？就是都有它的內容，每一個時刻都有不同的內容，內容就是時節因緣跟你的關係，也就是因果關係。所以不要說結緣只結家裡的緣，事實上每一個在生活中逗到的緣，都是你的善緣。所以，我們就是平等心去行菩薩道，要不然跟我們「討債的」（臺語）就是會比較喜歡，還債的反而比較不喜歡。愈孝順的，你愈不喜歡；愈不孝順的，如果你欠他的債，你反而就愈放不下。所以任何一個因緣、關係都叫因果關係，學佛就是把因果做好，生生世世把因果做好，就叫萬德莊嚴。因果沒有做好就是地獄業，地獄就是苦啊！處處苦、沒有一處不苦；因果做好，就是處處好，處處都是天堂。

今天靈鷲山這個大團體，有這麼多的善知識在這裡互動，一起發願、一起做善業、正覺的事業，我們要堅持生生世世、努力不懈地去成就佛道。所以我們要有使命——要締造

華嚴聖山，創造「愛與和平地球家」。這也是愛地球的工作，我們要貫徹去推動好，落實愛地球的工作，這就是我們的公益形象，也是我們的宗風、願景，我們要守護我們的心在菩薩道上，來愛地球、愛一切眾生，來慈悲地球、慈悲一切眾生。

再來，我們要重視培訓跟教育，我們才能夠成長，彼此之間的協調性、互動性才能夠更靈活，力量才會大。如果我們的協調性不好、培訓不夠的話，阻力就多，向前走的力量就會少。所以大家要有共識，要認識到培訓是靈鷲山往前走的動力。所以，我們透過分享見證，教團就會有活力、就會有生命力、就會有動力。如果缺少分享見證，團隊就沒有活力，就不會這麼殊勝、這麼美好；因為聽到他人的分享時感覺很好，我們就會想跟著做做看，那個動力就會出來。所以分享見證是促進我們的活力、動力的一種培訓教育的方式。

再下來，我們要推動華嚴聖山，華嚴聖山是我們留給世世代代的一片淨土，它一方面是我們推廣菩薩道的環扣點，一方面這座聖山會「自動導航」，未來度眾生，就不用那麼辛苦了，把聖山蓋好了以後，大家都會自動來參拜聖山，就像緬甸的大金塔，天天都是人山人海。當初蓋廟、蓋塔的那些人功德真的很大，雖然他們已經是幾世再生了，可是大金塔還在幫他們推動正等正覺的、菩薩道的、學佛的善種子。我們蓋了聖山以後，未來就會有絡繹不絕的人潮在這裡無限地出現。所以我們現在一點一滴地成就聖山，這是小投資大收穫。華嚴聖山具足了聖物、聖人，也具足了靈感，未來會產生大的循環。

還有我們要積極地開拓委員、開拓會員，這是我們的「根」，這個部分沒有做好，就沒有傳承，就沒有傳宗接代了。所以開拓會員的工作要去做，佛法的傳承要靠這些委員、

會員去推動，讓靈鷲山共同的願力，也就是佛陀的傳承，能夠持續不斷的、無盡的傳承下去。

　　大家辛苦了，不要忘了我們的菩薩道、不要忘了我們的宗風──「慈悲與禪」──慈悲守護我們的菩提心，推動愛地球、愛和平、愛眾生的工作。聖山建設是我們的摩尼寶，種好了以後就給我們很好的資糧，誰蓋的誰就有福氣，誰發了心誰就有福氣。祝福大家身心健康、心想事成、富貴平安。

全國七區普仁獎學金頒獎典禮

↓經過「普仁獎」嚴謹的評選，每位獲獎者都
是所有學子的最佳模範。（新北市）

生命教育一直是靈鷲山長久以來最關注的議題。無論是在緬甸所創辦的大雨托兒所、佛國種子獎助學金計畫，或是臺灣的「普仁獎學金」，靈鷲山始終堅持以愛和希望，守護生命中的純良與美善。靈鷲山「普仁獎學金」是由開山住持，也是世界宗教博物館創辦人的心道師父所成立，「普仁」是心道師父另一個字號，亦有「普遍的仁慈」之意；旨在鼓勵家境艱困卻能夠用善解的方式去面對，依舊樂觀向上、有志向學、實踐孝道的國中、小學學子們，持續以清淨無染的善念付出關懷，成為散播愛的希望種子。

為獎勵德性優良、有志向學，但家境清寒的莘莘學子，靈鷲山社會福利慈善事業基金會已連續第八年舉辦「普仁獎」選拔活動，今年普仁獎也將首度舉辦全國決選，從各地區的複選獲獎學生中再選出二十位進入全國決選頒獎表揚。除此之外，靈鷲山今年首度在臺中、澎

普善仁風愛之共振，為品德兼優學生帶來關懷。
（圖左為臺北市社會局副局長黃清高）

湖舉辦頒獎典禮，並在美國紐約舉辦普仁獎選拔，未來希望在全世界推動「普仁獎」，如同心道師父曾說的：「我們的人生就像泡沫一樣，稍縱即逝，但是我們的愛與關懷就像花的芬芳，只要做了，就會讓許多人感動。」期待有更多善心人士加入「普仁」的行列，引導孩子用美好善念在艱難中成長、在貧困中拔苦，將品德觀念落實在人心，使社會大眾的付出與關懷，都成為一次又一次感同身受的祝福。

時間	活動名稱	地點	獲獎人數	舉辦次數
12/19	普仁獎愛在鳳凰城園遊會暨活力健康社區舞蹈友誼賽	臺南市大東夜市	46位	第六年
12/19	愛在我嘉——普仁獎頒獎典禮	嘉義文化公園諸羅印象廣場	56位	第五年
12/19	普仁獎學金頒獎典禮暨「慈悲與禪」愛心園遊會	高雄市漢神巨蛋廣場	60位	第三年
12/19	臺北縣普仁獎學金頒獎典禮	臺北縣三重勞工中心	48位	第七年
12/25	靈鷲山普仁獎活力大臺中園遊會	臺中市南屯區的豐樂雕塑公園	22位	第一年
12/25	澎湖縣普仁獎學金頒獎典禮	澎湖縣馬公市文光國小	22位	第一年
12/26	臺北市普仁獎學金頒獎典禮	臺北市景美國小	33位	第三年

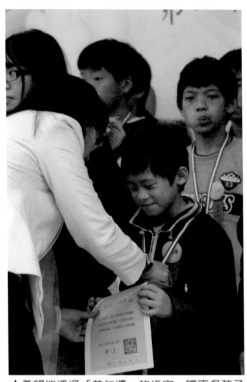

↑希望能透過「普仁獎」的肯定，讓更多孩子成為散播愛的希望種子。（臺中）

無盡藏

　　靈鷲山普仁獎學金為了將愛心，將愛與溫暖傳遞到社會的每一個角落，特別於2010年成立全國推動委員會，其中，四位委員會成員——靈鷲山護法會顧問何語大德、星南電信機械工程總顧問陳義雄大德、緯和有限公司董事長周淑慧大德，及前高雄市中正國小校長陳正光大德，長期投入這份「普遍的仁慈」獎助金的深耕工作，且積極參與評審與家訪的義務工作；他們無私的奉獻與推動，吸引了許多「有志一同」的朋友共襄盛舉，也藉此號召社會大眾一起讓這股助人的善念擴大，並以「布施助學，增進社會全體的福慧」來共勉，讓社會心靈和諧，也讓更多學童能夠有無憂的學習環境。

（圖左起分別為為何語大德、陳義雄大德、周淑慧大德、陳正光大德）

→心道師父出席臺中普仁獎開示：「品德
的觀念不但是心和平的基礎，更是治療
心貧窮的良藥！」

↘法師帶領「一分鐘禪」，讓大家沈澱心
情，體驗簡單善巧的禪修滋味。（臺
南）

↓小朋友精神抖擻、活力十足的的演出，
讓現場氣氛熱到最高點。（高雄）

←主辦單位安排了許多精彩表演活動，讓觀眾大呼過癮！（臺中）

↙菊島關懷協會志工們因著這份普善仁風，願意全力協助「普仁獎在澎湖走透透」，擴大這份關懷。（澎湖）

↓園遊會設有「佛腳抱抱好運到──考生祈福區」。（嘉義）

→歡喜小菩薩們天真可愛的氣息,感染了在場
　的所有人。(新北市)

↓園遊會禪修區,讓民眾體驗禪修的清淨自
　在。(臺南)

↘園遊會各項義賣與活動所匯聚的涓滴愛心,
　全數作為「普仁獎」的獎助學金。(高雄)

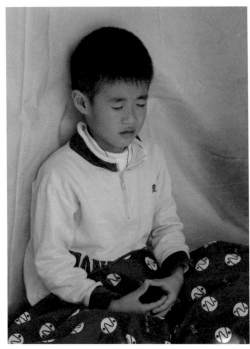

桃園
「大悲觀音傳承祈福法會」

西區護法會自成立至1997年桃園講堂開光以來，為了傳承心道師父修行的觀音法門，陸續勸請心道師父蒞臨桃園地區啟建「大悲觀音傳承法會」，為觀音薈供主法，使有緣的弟子們可以在觀音菩薩慈悲守護的威德加持力下，透過如法的修持，而成就無量的世間財及出世間財，更為自己種下未來無盡智慧及福德因緣。直至2009年，西區護法會決議將如此殊勝的「大悲觀音傳承法會」轉型為區會的年度大事，勸請心道師父每年都能蒞臨主法「觀音薈供」；除了接引新緣之外，也為所有的弟子眾祈福，讓弟子們能再度領受上師無盡的加持，並以此祈福法會作為年終最好的收攝與沉潛。

心道師父十五歲時初聞觀音聖號，深受觀音菩薩的悲願所感動，因而以「悟性報觀音」、「吾不成佛誓不休」與「真如度眾生」刺身供佛，與觀音菩薩結

心道師父再度蒞臨桃園，主法觀音薈供。

下極深的因緣，至此以後以「觀音法門」實修。心道師父曾開示：「我們只要有信心，持續不斷地持誦就會有結果，大家可以好好的學佛來驗證」。期待有緣的弟子可以在觀音菩薩慈悲守護下，透過如法的修持，而成就無量的世間財及出世間財，更為自己種下未來無盡智慧和福德因緣。

法會圓滿後，西區護法會依照去年的慣例，舉辦「靈鷲山西區護法會感恩餐會」，邀請心道師父與二十位靈鷲山法師們蒞臨會場，並與西區護法會會員、委員及幹部們齊聚一堂，共同表揚年度最佳精進共修、臨終關懷贊經，及發心義工等。心道師父並勉勵所有弟子精進修持，讓願力持續不斷、佛法傳承無盡。

↑ 在年度的尾聲，信眾攜家帶眷，接受心道師父的加持，為來年祈福。

無盡藏

西區護法會委員們的孩子，從小跟著心道師父、教團長大，在佛法的薰染之下，有了堅固的佛法觀念，並長大成為弘法的青年團，在西區大型活動中，都可以看見他們法喜的身影。這天，孩子們將親手做的卡片，送給了他們的偶像師父，開心地團聚在一起，象徵了佛法的傳承與希望。

↑每個人依序登上壇城接受心道師父的加持，殊勝安定的修法氛圍，帶給全場信眾無限的法喜。

靈鷲山西區護法會感恩餐會

感恩餐會

→在法會中，上供諸佛菩薩，下施六道眾生，祈請以供養的功德，懺除業障、累積資糧。

2010靈鷲山
宗風教育記事

↑ 首座了意法師於僧眾宗風課程勉勵大眾精進
修道。

　　心道師父曾說：「僧眾是傳山之寶。」為令靈鷲山教團的組織、教育與弘法三者合一，靈鷲山三乘佛學院在2009至2010年的僧眾教育課程中，除原有的佛法教育課程外，更推動兩年八次的弘法師培訓課程，系列性學習有效弘法與有效領導的方法，並帶領讀書會的課程。除此之外，為令僧團宗風落實與建置更能深根，也於每週一擇期舉辦各部門僧眾宗風分享課程，並於2010年11月底開啟了第一場教制共識課程，年逾九旬的上寬下裕長老，也在今年數度來山為僧眾教授叢林法規課程，老和尚真誠精進與喜悅的教授也讓僧眾們在學習的過程中受益匪淺。

　　「身安則道隆」，僧團、僧制與宗風樹立之後，便能安眾；傳承的佛法仰賴僧眾，故須建立好僧眾教育的制度，讓學習變成制度化、變成常規，加強宗風實修。靈鷲山的實修傳承就是禪，簡單又深廣；它簡單到不用言語，當下即是，複雜猶如宇宙華嚴法界的呈現。但無論簡單與深廣，總要收攝到實踐，所謂「高高山頂立，深深海底行」，一切的成就都來自腳踏實地一步一步地實踐。

2010年靈鷲山三乘佛學院「慈悲與禪」宗風教育課程一覽表

課程名稱	主題／講師	課程日期
弘法師培訓課程（兩年八次）	98有效弘法	4月4~5日、6月5~7日、9月6~7日、12月5~6日。
	99有效領導	3月5~7日、6月4~6日、8月13~15日、12月3~5日。
讀書會領導人培訓課程	方隆彰 老師	4月6日、4月20日、5月4日、5月18日、6月15日、6月29日、7月13日、8月17日。
	王怡然 老師	10月25日、11月15日、12月13日。
僧眾宗風共識分享	宗風小組 法相院 禪修推廣 法雲堂 慈雲院	4月26日 5月24日 6月21日 10月11日 12月27日
僧眾教制共識課程	門規	11月29日

分組比賽的創意令人歎為觀止。

←當家常存法師分享慈悲與禪之我見我聞。

↓兩年八次精彩的弘法師資培訓課程，透過團隊訓練與溝通，激盪出可落實的宗風共識。

←分組討論的互動情形。

╱有效領導課程，在遊戲中學習分工合作。

↓圓滿結業式的供燈回向。

禪心・大願・慈悲力
——靈鷲山2010弘法紀要

總 監 修	釋心道
總 策 劃	釋了意
編　　審	靈鷲山文獻中心

主　　編	釋法昂、陳坤煌
執 行 編 輯	鄭芷芸、彭子睿
封 面 設 計	蔡明娟
美 術 設 計	蔡明娟
圖 片 提 供	靈鷲山攝影組志工（李信男、徐勝雄、徐肇陽）、世界宗教博物館、靈鷲山資網中心

發 行 人	楊麗芬
出 版 者	財團法人靈鷲山般若文教基金會附設出版社
法 律 顧 問	永然聯合法律事務所
發 行 者	地球書房文化事業股份有限公司
地　　址	23444新北市永和區保生路2號20樓
電　　話	（02）2232-1008
傳　　真	（02）2232-1010
網　　址	www.093.org.tw

總 經 銷	成信文化事業股份有限公司
地　　址	23148新北市新店區中正路四維巷二弄2號4樓
電　　話	（02）2219-2080
傳　　真	（02）2219-2180
劃 撥 帳 戶	地球書房文化事業股份有限公司
劃 撥 帳 號	19888178
初 版 一 刷	2011年02月
定　　價	450 元
I S B N	978-986-6324-08-6（平裝）